ART CLASSIQUE ET MODERNE DU PIANO

CONSEILS
D'UN PROFESSEUR

NOUVELLE ÉDITION

ART CLASSIQUE ET MODERNE DU PIANO

CONSEILS

D'UN

PROFESSEUR

SUR

L'ENSEIGNEMENT TECHNIQUE ET L'ESTHÉTIQUE

DU PIANO

PAR A. MARMONTEL

SUIVIS DU

Vade-Mecum du Professeur de Piano

Catalogue gradué et raisonné des meilleures méthodes, études et œuvres choisies des maîtres anciens et contemporains, du degré le plus élémentaire à la difficulté transcendante.

L'OUVRAGE COMPLET NET : 5 FRANCS. — DIVISÉ EN 2 VOLUMES IN-12 :

1er VOLUME	2me VOLUME
CONSEILS D'UN PROFESSEUR	VADE-MECUM-CATALOGUE
NET : 3 FRANCS	NET : 3 FRANCS

PARIS

AU MÉNESTREL, 2 *bis*, RUE VIVIENNE

Henri Heugel, Éditeur des Solfèges et Méthodes du Conservatoire

A MES ÉLÈVES PROFESSEURS

A vous, chers élèves, dont l'affection constante, l'inaltérable attachement ont soutenu ma volonté, réconforté mon énergie aux ares moments de défaillance, je dédie ce livre comme un souvenir et comme un dernier témoignage de sympathie paternelle. Vous y retrouverez, sous une forme nouvelle, les conseils qui occupaient ces heures d'études, toujours trop courtes à notre gré réciproque.

J'ai voulu recueillir en ces quelques pages le fruit d'une expérience de plus de cinquante années, résumer des observations qui vous profiteront peut-être dans cette noble carrière du professorat, à laquelle on s'attache chaque jour davantage malgré ses déboires passagers.

En matière de théorie musicale, je crois être de ceux qui n'ont pas abusé du droit d'écrire, et pourtant j'en aurai payé l'exercice du prix qu'il convient. Plus d'un demi-siècle consacré à l'enseignement me permet de parler en toute indépendance des diverses méthodes, comme il m'a permis de les contrôler. Vous savez d'ailleurs combien nous nous sommes toujours tenus loin du parti pris d'école, nous contentant d'apporter dans nos études le soin, la conscience et la volonté.

Les principes d'impartialité qui ont toujours commandé à mon enseignement, vous les retrouverez dans ce volume, produit intime et direct de mes impressions et de mes observations personnelles. « Ceci est un livre de bonne foi. »

TABLE DES MATIÈRES

CONSEILS D'UN PROFESSEUR

(1er VOLUME)

VADE-MECUM DU PROFESSEUR DE PIANO

(2me VOLUME)

Catalogue gradué et raisonné des meilleures méthodes, études et œuvres choisies des maîtres anciens et contemporains, depuis le degré le plus élémentaire jusqu'à la difficulté transcendante.

OUVRAGES DE A. MARMONTEL

Conseils d'un professeur sur l'enseignement technique et l'esthétique du piano, *net* . . . 3 »

Vade-mecum du professeur de piano. Catalogue gradué et raisonné des meilleures méthodes et œuvres choisies des maîtres anciens et contemporains, *net* . . . . 3 »

Conseils d'un professeur et **Vade-Mecum,** réunis en un seul volume, *net* . . . . 5 »

Éléments d'esthétique musicale et **Considérations sur le Beau dans les Arts,** *net* . . . 5 »

Histoire du piano et de ses origines. Influence de la facture sur le style des compositeurs et des virtuoses, *net*. . . . . 5 »

Silhouettes et **Médaillons :** Les pianistes célèbres. 5 »

Silhouettes et **Médaillons :** Symphonistes et virtuoses. . . . . 5 »

Silhouettes et **Médaillons :** Virtuoses contemporains . . . . 5 »

ART CLASSIQUE ET MODERNE DU PIANO

CONSEILS D'UN PROFESSEUR

SUR

L'ENSEIGNEMENT TECHNIQUE ET L'ESTHÉTIQUE

DU PIANO

Devoirs du professeur à l'égard des élèves et conseils généraux.

Tout professeur digne de sa mission doit aimer son art et porter haut le sentiment du devoir. Réservé, poli, bienveillant, affectueux avec ses élèves, il faut encore qu'il soit homme du monde, avec assez d'esprit et d'instruction pour ne pas se confiner exclusivement dans le côté technique de l'enseignement et souffrir d'une infériorité intellectuelle trop marquée.

Le professeur à qui l'on confie un élève, soit qu'il ait à commencer, soit qu'il continue seulement une éducation musicale, s'informera d'abord auprès des parents du but qu'ils se proposent. Ont-ils en vue un enseignement sérieux? S'agit-il au contraire de connaissances superficielles, d'un simple passe-temps? Il se peut que l'élève appartienne à cette catégorie d'amateurs frivoles, dont le nombre diminue chaque jour à mesure que le goût s'épure et s'élève; je ne donnerai en ce cas qu'un conseil au professeur, dont la tâche ingrate consiste à enseigner quand même: faire tout son possible pour obtenir dans les petites choses une perfection relative. Les pauvretés musicales acquièrent un certain relief, si elles sont exécutées bien en mesure, avec clarté, et convenablement accentuées.

Je suppose que les musiciens qui me font l'honneur de me lire ont fait de saines et fortes études musicales; mais posséder toutes les connaissances relatives à l'enseignement d'un art ne suffit pas pour être bon professeur. Un grand virtuose, un compositeur de mérite, peuvent manquer des qualités voulues pour bien apprendre aux autres ce qu'ils exécutent ou écrivent eux-mêmes avec une rare perfection. Souvent aussi les virtuoses compositeurs ont le tort grave de faire de leurs élèves autant de calques, autant de copies plus ou moins réussies de leur manière. Les grands artistes participent plus ou moins de l'humaine faiblesse qui nous fait trouver bons et même parfaits ceux qui pensent ou agissent comme nous.

L'art d'enseigner a des règles plus sévères. Il exige des qualités multiples; une longue pratique de l'enseignement et d'incessantes observations peuvent seules y conduire. Un bon professeur doit être non seulement habile lecteur, mais encore suffisamment virtuose pour ajouter en mainte occasion l'exemple au précepte. On saisit mieux l'observation, quand le professeur exécute dans le sentiment voulu le passage chantant, le trait de bravoure; démontrer théoriquement les différentes manières de produire le son ne suffit pas, et l'argumentation *ex professo* est ici la meilleure de toutes. Un professeur doit être aussi bon harmoniste et, s'il le peut, compositeur, non pour produire ses œuvres, mais pour faire sentir les beautés de tous les maîtres anciens et modernes qui ont illustré l'art musical.

Eh bien! ces qualités toutes spéciales ne suffisent pas encore, si l'on ne possède, avec la science, l'esprit d'analyse, l'expérience, la réflexion, la connaissance approfondie des diverses méthodes, des différentes écoles, et si l'on n'ajoute à tous ces mérites beaucoup de patience et de douceur unies à la fermeté. Il faut savoir expliquer, persuader, convaincre, avoir le talent communicatif. Il faut un tact extrême pour étudier et saisir non seulement les aptitudes variables, mais encore le caractère de l'élève et ses nuances intimes, savoir s'il est sensible à un encouragement, si une parole affectueuse, bienveillante, stimule son bon vouloir. Distribuer à propos le blâme ou la louange, faire aimer l'étude, inspirer la foi, telle est la tâche d'un professeur habile.

Pendant la leçon.

Un professeur doit mettre intégralement tout le temps convenu à la disposition de l'élève qu'il dirige. Je dis intégralement, car, à moins de relations amicales, ou d'un intérêt tout particulier porté à l'élève, il faut éviter de prolonger la leçon outre mesure : d'abord on fatigue l'élève, et d'autre part, si cet acte de dévouement désintéressé n'est pas compris, le jour où le professeur s'en tiendra au temps rigoureusement exact, la leçon sera considérée comme trop courte. Nulle causerie étrangère aux leçons ne devra prendre la place des observations artistiques.

Donner à l'élève l'exemple d'un travail sérieux, s'intéresser à sa leçon en lui prêtant toute son attention, éviter tout mouvement d'impatience ou d'ennui, tenir compte du plus léger effort, du mieux obtenu, enfin faire aimer l'étude en rendant intéressant le travail même le plus aride, voilà le secret du maître qui veut conquérir à l'amour de son art les jeunes intelligences.

Avant de commencer sa leçon, le professeur devra toujours demander à l'élève s'il a travaillé avec soin, s'il s'est souvenu des observations faites à la leçon précédente. Le maître ajoutera aux réponses de l'élève ses propres observations, puis on reprendra le travail rectifié ou préparé.

Si l'on donne les leçons chez soi, éviter avec soin les visites importunes, et, à moins d'obligation absolue, n'interrompre jamais l'étude. C'est pour moi une très vive contrariété que d'avoir à quitter un seul instant mon élève; chaque minute perdue pour son travail me semble un véritable larcin.

A la fin de sa leçon, le professeur doit résumer succinctement ses observations et tracer le travail de la leçon suivante.

Du choix d'un professeur élémentaire et de l'importance des premiers enseignements.

Le choix d'un professeur élémentaire expérimenté est, à notre avis, de la plus grande importance, car la direction donnée aux premières études non seulement exerce une influence immédiate sur les progrès des commençants, mais a de plus une action très prononcée sur leur avenir musical.

C'est dès le début qu'il faut donner aux enfants le goût d'un travail correct et consciencieux. Pour atteindre ce but, la première condition est de faire aimer l'étude, de la rendre agréable, attrayante. Les parents qui, pour se conformer à l'usage, à la mode du jour, font donner des leçons de musique à leurs enfants, ont en général la faiblesse de croire qu'un professeur médiocre, le premier musicien venu, est toujours suffisant pour commencer un élève. Nous pensons, au contraire, qu'il faut des connaissances très variées, une éducation musicale très complète pour faire un bon professeur élémentaire (1). Les artistes modestes qui vouent leur existence et consacrent leurs talents, leur savoir, leur expérience, à ces premiers enseignements, ont droit à la reconnaissance des parents et aussi à nos remercîments, car l'enseignement supérieur n'est fécond en résultats que si la base des études premières a été solidement établie; trop souvent, c'est le contraire qui a lieu : on nous charge de perfectionner une exécution dont les éléments sont vicieux.

L'esprit de méthode, l'unité de principes, une théorie claire, bien à la portée des jeunes intelligences que l'on dirige, une juste progression dans les études, le savoir, l'expérience, la patience, le dévouement, enfin le don communicatif, sont les principales qualités d'un professeur élémentaire. Les femmes, en général, par la douceur de leur caractère, leur persuasive bonté,

---

(1) Nous avons vu plus d'un grand musicien se dévouer à l'enseignement primaire du piano. Citons entre autres Félix Cazot, — auquel nous devons la meilleure méthode élémentaire publiée jusqu'ici, — et qui eut l'honneur de remporter le prix de Rome, l'année même où Herold fut proclamé premier Grand Prix par l'Institut.

l'adresse délicate qu'elles mettent à gagner l'affection de leurs élèves, ont presque toujours un avantage marqué dans l'enseignement primaire. Il faut, en effet, une abnégation toute féminine pour répéter mille fois les mêmes observations sans arriver graduellement à l'impatience. Or, ce qui importe surtout près des enfants, c'est que les leçons soient prises avec plaisir et données de même ; sans cela le découragement, l'ennui, l'aversion même de l'étude, s'emparent vite de ces frêles natures, et l'art d'agrément devient alors un supplice journalier, autant pour le maître que pour l'élève.

Je sais bien qu'on cite plusieurs éducations d'artistes célèbres faites avec la plus grande sévérité, à grands renforts de démonstrations plus ou moins *frappantes*. Ce mode exceptionnel d'enseignement nous paraît une monstrueuse excentricité, et nous avouons qu'il faut une vocation bien tenace, ou une soumission angélique à la double volonté du maître et des parents, pour accepter cette brutale gymnastique. Nous n'entendons pourtant pas donner aux élèves un brevet d'insouciance, de paresse, et laisser aux professeurs la tâche ingrate d'apprendre, quand même, à des enfants inattentifs et de mauvais vouloir ; mais nous pensons qu'il faut avant tout chercher à gagner le cœur des élèves, et leur inspirer le sentiment du travail par *l'émulation, l'amour-propre;* qu'il faut savoir enfin obtenir par un encouragement ou un reproche adressé à propos le désir de bien faire et de contenter un maître affectionné.

Dans les premiers mois de leurs études de piano et

de solfège, les enfants ne doivent jamais travailler seuls, qu'il s'agisse de la lecture ou des exercices élémentaires. Les défauts à éviter sont si nombreux, les qualités indispensables à acquérir si importantes et si précieuses pour les progrès à venir, que l'attention la plus scrupuleuse de l'élève serait insuffisante sans les observations patientes et douces, les encouragements répétés, soit de la mère, soit de l'institutrice ou du répétiteur choisi par le professeur spécial.

Les leçons auront lieu autant que possible tous les jours ou du moins trois fois par semaine. Le répétiteur assistera aux exercices, et notera les observations du professeur, sans jamais intervenir pour commenter, discuter ou atténuer les fautes de l'élève, mais en suivant, avec une rigoureuse exactitude, le plan tracé, la méthode indiquée par le professeur.

Il faut donc que les leçons soient fréquentes, mais il convient d'éviter la longueur pour ne pas lasser l'attention et le bon vouloir de l'élève. *Une heure* suffit, divisée par moitié : 1° lecture et intonation ; 2° lecture au piano et exercices élémentaires.

En dehors de la lecon, le temps consacré à l'étude sera mesuré suivant l'âge de l'élève, suivant son intelligence et le but à atteindre. Ne jamais maintenir à l'étude, de gré ou de force, l'élève que la fatigue gagne. Rien de plus dangereux : le dégoût, l'antipathie, le découragement prennent la place du bon vouloir. Adieu tout espoir de progrès : la cause est perdue.

Bien au contraire, les progrès sont rapides et certains si l'élève attend avec bonheur le moment de la leçon et salue joyeusement l'arrivée de son professeur. Rendez donc avant tout le travail agréable, attrayant ; que le temps passé à l'étude soit pour l'élève une douce distraction et comme une récréation salutaire. Nous affirmons que ce résultat n'est pas impossible à atteindre. Certes il demande des efforts continus, une assiduité constante ; mais aussi l'enseignement cesse alors d'être un métier pour s'élever à la hauteur d'une mission : celle de façonner les jeunes intelligences à l'étude élémentaire et progressive d'un art qui plus tard sera pour eux la source de pures et douces jouissances.

Nous pensons que l'étude du *solfège*, lecture, intonations, théories élémentaires, peut être commencée *un mois ou deux* avant celle du piano, puis continuée parallèlement, sans se confondre ni intervenir hors de propos dans le travail tout spécial de l'instrument. Nous croyons à l'*utilité absolue* du solfège, comme base d'une bonne éducation musicale. La perception exacte des sons, l'habitude de les imiter avec justesse, d'en déterminer avec certitude la place dans l'échelle musicale, d'en apprécier la durée, en un mot, le sentiment de la mesure, du rythme, des temps forts et faibles, tout cela est indispensable à l'élève qui veut devenir musicien.

Ces facultés précieuses existent naturellement chez quelques natures privilégiées, et c'est un indice certain d'heureuse organisation musicale ; mais, chez le plus grand nombre, l'éducation de l'oreille est à faire, et l'on ne saurait trop tôt la commencer en habituant les enfants à retenir par cœur des airs écrits dans la limite restreinte de leur voix, en les encourageant à chercher sur le piano les airs retenus par eux. Cette recherche des sons analogues, cette petite gymnastique à travers le clavier les amuseront et nous paraissent très utiles.

La perception exacte des sons et de leur durée peut être utilement exercée par des dictées faciles, courtes et progressives. Ce travail fréquent, bien gradué, doit aider puissamment à la bonne éducation de l'oreille et sera d'un grand secours plus tard pour apprendre par cœur.

Les pianistes qui n'ont pas longtemps solfié n'ont jamais la sûreté d'oreille voulue pour apprécier la justesse des basses, pour posséder le sentiment d'une bonne harmonie. Il leur manque, en un mot, la *conscience* exacte du son produit, et, s'ils ne sont pas bien doués, organisés délicatement, ils auront une infériorité relative sur ceux dont l'oreille, mieux préparée, percevra le son dans sa justesse comme dans ses nuances les plus délicates et les plus fines.

On peut interroger l'organisation et les aptitudes musicales d'un enfant dès l'âge le plus tendre, en l'écoutant chanter des airs retenus, appris, ou de petites mélodies de sa façon. Étudiez encore sur sa physionomie l'impression produite soit par l'audition de chœurs d'orphéons, de marches militaires, soit par celle de petites pièces intimes exécutées dans la famille : les indices certains d'intérêt ou d'indifférence sont bons à noter et doivent guider les parents sur les futures aptitudes musicales de l'enfant, qu'il s'agisse simplement de connaissances sommaires ou qu'on tende à des études spéciales.

Dès l'âge de cinq ou six ans, si l'enfant sait lire, on peut l'initier aux connaissances primaires musicales : science des signes graphiques, notes, silences, intonations, sentiment bien défini de la mesure et des rythmes simples ou composés, des temps forts et faibles, enfin perception sûre de la tonalité et des modes.

Nous croyons utile de former tout d'abord l'élève à la lecture par quelques leçons de *solfège à la muette;* l'oreille doit ensuite être exercée à l'appréciation des sons, et si la voix et l'âge de l'enfant le permettent, il faut que l'étude des intonations marche simultanément avec la lecture. Puis, il faudra indiquer d'abord et faire trouver ensuite par l'élève la place occupée sur le clavier par les notes nommées ou chantées : quelques semaines suffiront à ce travail préliminaire, et l'on devra tout aussitôt s'occuper de la position à prendre en se plaçant au piano. Toutes les méthodes élémentaires traitent cette question d'une manière assez complète pour nous dispenser d'y insister longuement; voici pourtant quelques principes généraux qui résument toutes les indications données :

Il faut bien se placer au milieu du clavier, le buste en face des touches formant l'ensemble de la quatrième octave. On doit être assis assez haut pour que les bras, en s'allongeant au-dessus du clavier, indiquent une inclinaison de quelques lignes plus haut que le poignet. La tête doit être droite et ne pas se pencher en avant ; l'avant-bras légèrement en dehors. Le poignet doit faire suite à l'avant-bras sans présenter de solution de continuité, c'est-à-dire qu'il faut éviter de le briser en le baissant au-dessous de l'avant-bras ou en l'élevant au-dessus. Les mains, quelque peu inclinées en dehors, doivent avoir une forme arrondie; le pouce lui-même concourra à cette position en pliant un peu en dedans la première phalange; les doigts, en se relevant pour faire parler les touches, doivent conserver cette forme arrondie, et attaquer avec l'extrémité charnue du doigt et non sur l'ongle. Il faut éviter tout mouvement inutile du poignet et de la main. L'action des doigts sera indépendante, et la force de pression ou d'impulsion viendra de la seule volonté du doigt.

Nous recommandons de commencer par les exercices des cinq doigts, à main fixée au clavier par des tenues. La pression des notes tenues doit se faire sans contraction ni raideur, afin que les doigts conservent leur position arrondie. Ils doivent ensuite s'exercer isolément pour acquérir l'indépendance, la souplesse, la douceur, la force, enfin le *sentiment du son* et l'accentuation rythmique.

Il ne faut jamais quitter un genre d'exercice, qu'il ne soit parfaitement compris, bien exécuté, et savoir ménager la progression de difficulté avec un soin et un tact extrêmes.

L'éducation de l'oreille, le sentiment de la mesure et des divisions rythmiques demandent à être développés de concert avec le mécanisme. C'est par l'étude du solfège que l'on habitue les élèves à la perception et à l'imitation des sons. Nous pensons aussi que ce travail doit puissamment aider la mémoire, fortifier la mesure, et faire progresser rapidement la lecture à première vue ; en un mot, nous regardons l'étude du solfège comme le corollaire indispensable du travail élémentaire de l'instrumentiste, tout aussi bien que plus tard les connaissances harmoniques sont appelées à marcher de front avec l'étude des œuvres instrumentales d'un style plus élevé.

Chaque chose doit arriver à son heure ; l'expérience du maître désignera le moment opportun pour que ces études se prêtent un mutuel appui au lieu de se contrarier. Il ne faut pas non plus que de petites rivalités ou prééminences de professeurs viennent se heurter et nuire aux progrès. Une direction supérieure présidera au partage du temps, sans jamais admettre un empiétement intempestif d'études accessoires.

Nous pensons qu'il est utile de circonscrire le mode d'action de chacun ; les leçons seront d'autant mieux données et d'autant plus profitables que chaque maître saura se tenir dans sa sphère. Ainsi nous connaissons bon nombre de professeurs de piano qui hésitent à conseiller des leçons d'accompagnement, *malgré leur très grande utilité*, pour éviter la critique à découvert ou par insinuation de leur enseignement.

On veut bien reconnaître à l'élève « un bon mécanisme, des doigts, du brillant ; mais son style est défectueux, négligé, et la leçon d'accompagnement dévoilera les arcanes de l'art dont, seule, elle possède le secret ». C'est ainsi que certains adeptes d'un nouveau culte de Vesta ont, de bonne foi, la faiblesse de croire qu'il est indispensable de tenir l'archet pour faire jaillir la flamme sacrée. Pour eux, un pianiste, *fût-il la musique incarnée*, lecteur de partitions, harmoniste ou compositeur, ne peut comprendre les maîtres s'il n'a fait sa partie dans un orchestre ou dans un quatuor. Or, nous trouvons cette prétention exorbitante, et, tout en regardant la connaissance de la musique d'ensemble comme *absolument indispensable*, nous avons l'intime conviction que les pianistes vraiment dignes du nom d'artistes par leurs fortes études, n'ont qu'à se recueillir et à se souvenir pour interpréter les maîtres dans le sentiment voulu. Les bonnes traditions, le bon goût, l'intelligence des chefs-d'œuvre appartiennent à tous ceux qui ont le sentiment des belles inspirations, et qui, par leurs études patientes et réfléchies, se sont bien pénétrés du style des maîtres. S'il ne suffit pas d'être virtuose-pianiste, pour avoir conscience de la manière distinctive de telle ou telle école, on admettra aussi, avec nous, qu'il n'est pas indispensable d'être violoniste ou violoncelliste pour avoir, *de droit et exclusivement*, la clef de tous les styles.

Ces fâcheuses rivalités, ces puériles taquineries, nuisent à la bonne direction des études, et sont doublement déplorables au point de vue du progrès et de l'art. C'est bien ici le cas de dire avec Raynouard : « Frottons nos cailloux, tâchons d'en faire jaillir des étincelles ; mais, pour l'amour de Dieu, ne nous les jetons pas à la tête ! »

Il ne faut jamais céder aux volontés déraisonnables d'élèves capricieux et fantasques qui jugent la valeur musicale d'un morceau, apprécient son degré d'intérêt d'après le nom qu'il porte ou même d'après la nuance de la couverture. Mais il est tout aussi dangereux d'imposer comme de parti pris des études arides, pauvres d'idées, des exercices d'une monotonie fatigante ou même des compositions dont la valeur musicale ne peut être comprise d'un élève chez lequel l'intelligence et le goût sont insuffisamment formés. Il faut beaucoup de tact et d'expérience pour amener à ce que l'on croit juste et utile, sans heurter de parti pris le sentiment instinctif de l'élève. Imposer est toujours un mode périlleux, faire adopter et aimer par la persuasion est le but qu'on doit poursuivre. Fatiguer en pure perte le bon vouloir de l'élève, faire prendre le travail en aversion, c'est anéantir toute espérance d'avenir et de progrès, créer un sentiment de répulsion là où il faut avant tout établir un concert de mutuelle sympathie, de déférence et de confiance.

Nous désapprouvons hautement les actes d'entêtement comme de faiblesse de la part du professeur. Mais, s'il ne faut pas céder aux demandes irréfléchies, aux puériles ambitions, aux mouvements de vanité, d'amour-propre, bien différents d'une noble émulation, il faut repousser, avec la même fermeté, les désirs exprimés par les parents non musiciens qui, n'ayant aucune idée de la progression raisonnée des études, n'ont qu'un but, une pensée : entendre exécuter, bien ou mal, par leurs enfants tel morceau réputé comme l'expression d'une excellente virtuosité.

Ces immixtions intempestives sont déplorables; elles

entravent et paralysent l'action intelligente du professeur, et découragent l'élève à qui l'on impose un morceau fort au-dessus de ses moyens. Cette pièce péniblement apprise, mal interprétée, habitue l'élève aux à peu près, aux traits incorrects et barbouillés. C'est la mise en action de la fable de La Fontaine : la grenouille qui veut se faire aussi grosse que le bœuf. Si le professeur a le sentiment de sa valeur, s'il comprend son art et tient à honneur de mener à bien l'éducation musicale qui lui est confiée, il évitera soigneusement tout acte de condescendance non motivée, indiquera la marche à suivre, et repoussera ces interventions aussi nuisibles aux progrès des élèves que d'un fâcheux effet pour l'autorité morale du professeur.

De l'utilité des exercices journaliers.

L'étude journalière d'exercices spécialement écrits pour développer l'indépendance, l'agilité et la force des doigts, est d'une utilité incontestable ; tous les professeurs admettent en principe qu'une bonne exécution dépend en grande partie des procédés mis en usage pour assouplir les doigts et en faire les dociles instruments de la pensée. Ce travail gymnastique, accompli d'une manière attentive et raisonnée, hâte à coup sûr les progrès des élèves qui ont la sagesse de s'y assujettir chaque jour. La durée du temps réservé aux exercices se proportionne au nombre d'heures consacrées aux études musicales, et varie suivant les difficultés à vaincre et le but que l'on désire atteindre. La part faite aux exercices doit être à peu près le cinquième du temps donné au travail général.

A ce propos, disons que les progrès des élèves dépendent plus du soin consciencieux apporté aux études que du nombre d'heures passées au piano : la volonté et la réflexion donnent de meilleurs résultats que de longues heures employées sans discernement. C'est donc une grave erreur de croire que l'on peut distraire son attention en faisant des exercices ou des gammes, et nous désapprouvons fort l'habitude de lire pendant ce travail. C'est perdre follement son temps que de remuer machinalement les doigts, si la pensée est ailleurs; il faut au contraire concentrer toute son attention, s'observer, s'écouter pour éviter les défauts que la force de la routine rend plus tard très difficiles à corriger.

On devra toujours commencer par étudier lentement chaque formule, exercer souvent les mains séparées, modifier progressivement la rapidité du mouvement, veiller avec soin à la bonne tenue des mains, varier l'accentuation, modifier la sonorité, se bien rendre compte des différentes attaques du clavier, écouter attentivement, comparer l'égalité et la force des deux mains, etc.

Comment observer tous ces détails, si l'on n'apporte à l'étude un soin minutieux, une attention de tous les instants?

Nous croyons aussi beaucoup plus nuisible qu'utile de s'exercer avec des gants. Si les doigts gagnent comme intensité d'action en cherchant à assouplir l'enveloppe qui les retient, ils perdent dans ce travail le sentiment délicat du toucher, n'étant plus en contact immédiat avec le clavier.

Nous le répétons encore, le moyen le plus sûr d'acquérir ou de conserver une exécution brillante est de s'astreindre chaque jour à faire des exercices gymnastiques de doigts. Tous les virtuoses célèbres mettent en usage ce procédé, et commencent toujours leurs études par ce travail préliminaire. Les compositeurs qui se sont occupés d'ouvrages d'enseignement ont presque tous écrit des pièces spéciales pour cette première heure du travail des élèves. Les méthodes de Bertini, Zimmermann, Henri Herz, Czerny, Kalkbrenner, Hummel, Moschelès, renferment toutes de nombreuses, d'excellentes formules de mécanisme, et voici, en dehors de ces recueils importants, une liste élémentaire et progressive d'ouvrages spéciaux dont nous recommandons l'étude : mille exercices à l'aide du *Dactylion*, par H. Herz, l'*Indispensable* de Chaulieu, l'*Heure du matin* de Billard, le Manuel de Rosellen, la *Gymnastique des doigts* et le *Rudiment du pianiste* de Bertini, les *Six jours de la semaine* de Kruger, l'*École du mécanisme* de F. Le Couppey, la *Gymnastique* de A. Quidant, l'*École du mécanisme* de Roubier et Delioux, mes sept grands Exercices modulés dans tous les tons majeurs et mineurs, l'*Exercice journalier des gammes* de Clementi, les *Gammes harmonisées* de Moschelès, celles de Jacques Herz. Comme formules plus difficiles, les divers recueils d'exercices journaliers de C. Czerny, les op. 11 et 30 de Decourcelle, le *Solfège des doigts* de Cramer, l'*École du Virtuose* de Czerny, plusieurs recueils de passages doigtés, les exercices de Poisot et Dolmetsch, enfin l'important et utile recueil de Stamaty, le *Rythme des doigts*, qui résume à un point de vue spécial toutes les difficultés du mécanisme.

De l'indépendance des doigts.

L'action parfaitement indépendante des doigts est bien la première condition du mécanisme. Mais la possession, même élémentaire, du clavier exige beaucoup d'autres qualités, qui ne peuvent s'acquérir que très lentement et successivement.

Ainsi, soit que les doigts agissent isolément ou par groupes, les mains séparées ou réunies, il faudra habituer l'oreille et les doigts aux divisions rythmiques des temps, à l'accentuation des temps forts et à celle des dessins symétriques, les accoutumer aux principaux modes d'attaque du clavier, aux variétés de sonorité, à sentir et apprécier la bonne qualité du son obtenu, à savoir accélérer graduellement le mouvement — toutes choses indispensables, qui donnent même aux exercices primaires une grande utilité et, en diminuant l'aridité du travail, intéressent l'élève au *bien dire* dès le début de ses études.

C'est surtout par les exercices rythmés des cinq doigts, en plaçant successivement sur chacun d'eux l'accent de force, que l'on obtiendra l'indépendance indispensable pour que les doigts viennent presque instinctivement se poser sur les touches. On arrivera ainsi à leur faire suivre avec précision et docilité la pensée réfléchie de l'élève et à leur faire traduire avec exactitude les différentes formules qu'il étudie sur le cahier.

Mais, s'il est important de fortifier les doigts faibles, particulièrement les quatrième et cinquième de chaque main, et si l'on doit longuement insister sur les exercices à mains fixées et transposés dans tous les tons, nous ne saurions trop recommander, quand l'élève aura acquis une articulation ferme, nette, précise, une égalité irréprochable, de faire une étude patiente, attentive, des exercices préparatoires aux gammes. Le déplacement du pouce, sous la main au repos, demande un soin extrême et doit être étudié séparément aux deux mains. Le pouce est vraiment la cheville ouvrière, le point d'appui essentiel du doigté. Pas de régularité possible dans les gammes, dans les arpèges, dans les accords brisés, dans les traits si nombreux, si variés qui procèdent de ces bases typiques, si l'indépendance, la souplesse, la liberté d'allure du pouce n'est parfaitement acquise. Plus tard aussi l'élève aura à étudier l'action fréquente de ce doigt comme basse chantante dans les passages rapides, comme marquant n saillies les notes mélodiques des arpèges.

Les formules des cinq doigts, exercées d'abord dans e ton d'*ut* majeur et celui de *la* naturel mineur, seront ensuite étudiées dans tous les tons majeurs et mineurs, soit par la transposition écrite du professeur, soit à l'aide des ouvrages élémentaires où l'on a pris la peine d'opérer cette transposition, et mieux encore en habituant l'élève, si son intelligence et sa bonne organisation le permettent, à opérer lui-même cette transposition par similitude d'intonation, en mesurant les distances, les intervalles, de façon à leur conserver bien exactement les mêmes rapports.

Les exercices des cinq doigts ainsi transposés seront le travail le plus utile pour acquérir l'indépendance des doigts, une articulation ferme, une bonne sonorité, une égalité parfaite. Mais on s'occupera en même temps de faire l'éducation de l'oreille au point de vue de l'intonation, des modes et du rythme. Je ne connais pas de meilleure gymnastique pour former une oreille intelligente et délicate.

Nous recommandons d'incliner légèrement les mains

sur le pouce, qui doit être un peu arrondi. Les élèves ont trop souvent la mauvaise habitude de reposer la main sur le petit doigt.

Dans les mille formules des cinq doigts le principe du doigté consiste à conserver à chaque doigt sa liberté d'action sur la touche qu'il occupe dans la succession diatonique régulière des touches, quelle que soit la nouvelle tonique prise pour point de départ.

Les exercices des cinq doigts faits à l'aide du *Dactylion* de H. Herz, du guide-main de Kalkbrenner, du *Vélocemano* de M. Faivre, des bagues plombées de Lemoine, du clavier déliateur de Joseph Grégoir, donneront dans un temps relativement moindre plus d'indépendance et de force. Mais, tout en recommandant ces moyens comme excellents, nous pensons toujours qu'un effort de volonté est préférable aux moyens mécaniques, inventés surtout pour triompher de l'apathie et de la mollesse de certaines natures.

Les exercices d'écartement des doigts et de notes répétées à main fixe ne doivent pas être trop prolongés; il faut éviter avec soin la contraction, la raideur et ne pas attendre que la fatigue gagne la main.

Nous croyons utile de faire suivre ces exercices de traits diatoniques qui reposent la main de la tension subie. Cette gymnastique spéciale, excellente pour l'indépendance des doigts, le développement de la main, force toujours un peu les muscles; et l'effort peut aller jusqu'au bras, si l'on persiste trop longtemps. On atteint alors un résultat diamétralement opposé au but que l'on poursuit. Les ressorts les mieux trempés se brisent et se distendent par l'action exagérée du travail.

Il est bien rare que les élèves sachent garder un terme moyen dans cette gymnastique des doigts; aussi ne recommandons-nous que très modérément et dans des limites discrètes les procédés mécaniques. Nous faisons les mêmes réserves en ce qui concerne l'étude du *staccato*. Notamment dans les passages de force, l'action précipitée du poignet, l'impulsion vive, parfois violente, que lui imprime l'avant-bras, peuvent amener non seulement une grande fatigue, mais, de plus, certains accidents qui entraveraient forcément l'étude.

Par suite de l'excès de travail et de l'abus du *staccato* il se produit de petites grosseurs sur l'articulation même du poignet; une douleur sourde puis intense peut aussi s'emparer des muscles de l'avant-bras et condamner l'élève au repos forcé. Une semblable fatigue des muscles résulte de l'abus de la plume : c'est la crampe des expéditionnaires. Pour les jeunes pianistes, le traitement de ces légers accidents consiste en des frictions d'alcool camphré sur la partie endolorie, des compresses sur le poignet, une inaction absolue. On voit quel est le résultat d'un excès de gymnastique : *Est modus in rebus*, dira le médecin si on l'appelle. Suivons son précepte et traduisons en bon français qu'il ne faut abuser de rien.

Mais il est bien entendu que, si un repos absolu est indispensable à la main endolorie, on peut sans inconvénient exercer la main libre. C'est même ainsi que certains virtuoses, blessés à une main, ont acquis de l'autre, presque toujours la plus faible, une virtuosité exceptionnelle. A quelque chose malheur est bon, et l'on est en droit de le dire, quand l'impossibilité d'exercer la main droite permet de s'occuper tout spécialement de l'indépendance parfaite des doigts de la main gauche.

Résumons-nous : il importe de ne pas exagérer la durée du travail, surtout en matière d'exercices spéciaux exigeant une grande extension des muscles de la main, une action trop prolongée de l'articulation des poignets, une dépense de force disproportionnée avec l'âge et le tempérament de l'élève. Un jeune enfant frêle, impressionnable, délicat, doit tout naturellement n'être assujetti qu'à un travail en harmonie avec ses forces. Un professeur attentif se guidera dans ces conjonctures sur le double intérêt de l'art et de l'élève.

De l'étude des gammes.

On ne doit aborder l'étude des gammes qu'après avoir acquis assez d'indépendance, assez d'égalité, de fermeté, de souplesse des doigts dans l'attaque du clavier, pour fixer une attention bien soutenue sur ce genre d'exercice, le plus utile, le plus indispensable à un bon mécanisme.

La première difficulté à vaincre pour bien faire les gammes, consiste à guider le pouce sous la main et à le faire agir librement sans effort, sans contorsion ; le mouvement inverse des doigts, passant par-dessus le pouce qui sert de point d'appui, complète la gymnastique nécessaire à l'étude des gammes, véritable clef de voûte du mécanisme.

Ce double mouvement, qui doit se faire en évitant la moindre inégalité dans la succession des sons, est pour tous les élèves un exercice difficile ; aussi ne saurait-on trop insister sur les exercices spéciaux, préparatoires aux gammes, que contiennent toutes les méthodes citées dans ce livre, et tout particulièrement mon *Ecole normale du mécanisme.*

Nous recommandons aussi notre premier exercice modulé de l'école élémentaire et progressive du mécanisme. On fera sagement de commencer toujours ce travail les mains séparées, avant de les réunir dans un ensemble parfait.

Les gammes modèles et typiques d'*ut* naturel majeur et de *la* naturel mineur doivent être plus longtemps étudiées, non seulement pour bien habituer l'oreille à la différence des modes, à leur caractère déterminé, mais aussi parce que le doigté de cette gamme d'*ut* naturel, réputée, mais à tort, la plus facile, en raison de l'absence de tout accident, engage plus que tout autre les élèves inexpérimentés dans des fautes de doigté. L'étude des gammes, plus encore que celle des exercices élémentaires des cinq doigts, veut qu'après avoir parcouru le clavier en articulant avec fermeté, clarté, égalité, suivant un mouvement lent au début, puis accentué progressivement, on travaille à acquérir graduellement les diverses oppositions de force, *forte*, *piano*, énergique, doux. On s'appliquera aux nuances de *crescendo* en montant, de *decrescendo* en descendant ; enfin on fera des gammes rythmées par deux, trois, six, huit notes par temps. Ces divisions ne doivent pas être indiquées durement, mais il faut que l'oreille attentive les saisisse au passage sans que l'accentuation nuise à l'égalité du jeu.

Les jeunes enfants s'exerceront d'abord dans l'étendue d'une octave, puis de deux, de trois, de quatre, enfin au delà, le tout progressivement pour éviter le déplacement du corps, les contorsions des bras, et autres petits défauts qui, en grandissant, deviennent de détestables habitudes.

Nous approuvons le temps d'arrêt sur la tonique pour bien faire sentir à l'élève l'importance tonale, le sentiment du repos final et l'action importante de la note sensible. Aussitôt que l'étude le permettra, ajoutez à chaque terminaison de gamme la cadence en accords parfaits.

Nous n'avons pas à noter le doigté des gammes ; les méthodes, les recueils, les manuels de mécanisme le donnent avec de nombreuses variétés, d'un travail excellent, à l'octave, à la tierce, à la sixte, à la dixième, et aussi à la dixième en montant, à la sixte en descendant, à la sixte en montant et à la dixième en descendant, par mouvement contraire en commençant par l'unisson, par mouvement contraire en commençant par la tierce, puis à la sixte par mouvement contraire en plaçant le point de départ de la main gauche sur la tierce.

Avec Herz, Zimmermann, Czerny, Bertini, nous pensons que l'on doit conserver aux gammes à la tierce, à la sixte, à la dixième, le doigté normal de la gamme à l'octave. Aussi donner deux doigtés différents à une gamme de même tonalité nous paraît une faute, un contresens; nous signalons ce point important à l'attention des professeurs, car il faut autant que possible éviter dès le début des principes contradictoires capables de jeter le trouble et l'indécision dans l'esprit des élèves.

Gammes mineures.

Les maîtres les plus autorisés sont encore divisés sur la meilleure manière de faire les gammes mineures.

Plusieurs professeurs, justement célèbres, patronnent le système suivi pour les gammes vocalisées qui excluent l'intervalle de seconde augmentée, existant forcément du sixième au septième degré, quand on conserve les *cordes modales* de tierce et sixte mineure et la note sensible en montant et en descendant. Pour éviter l'intervalle de seconde augmentée, ils aiment mieux monter l'échelle diatonique d'une façon et la descendre d'une autre. Nos maîtres et amis L. Adam, Zimmermann, préféraient la gamme du mode mineur telle que nous l'enseignons.

Dans notre intime et profonde conviction de musisien, nous adoptons comme échelle normale, logique et harmonique, la gamme du mode mineur faite avec la tierce et la sixte mineure en montant et en descendant avec la note sensible, soit pour l'échelle ascendante, soit pour l'échelle descendante, enfin la *gamme uniforme*. L'intervalle de seconde augmentée, du sixième au septième degré, ne blesse en rien notre oreille. Le mode mineur, avec sa teinte mélancolique, doucement sombre et rêveuse, paraît bien mieux accusé. Nous repoussons, comme une véritable modulation au mode majeur et comme une rupture de l'unité modale, cette double manière de monter et de descendre la gamme mineure.

Nous n'entrerons pas dans une plus longue démonstration de nos motifs de préférence pour la gamme mineure unifiée dans sa contexture modale. Nous engageons même professeurs et élèves à étudier les deux modes de faire la gamme mineure, car l'ancien système est toujours pratiqué dans les études vocales, la seconde augmentée, vocalisée dans un mouvement rapide, étant considérée par les chanteurs les plus expérimentés comme une difficulté d'exécution anormale presque insurmontable.

Faites par mouvement contraire, les gammes mineures avec la sixte mineure et la seconde augmentée en montant ou en descendant, présentent des duretés, de fausses relations, que l'on peut éviter en employant la sixte majeure en montant, suivie de la note sensible et de la tonique; puis la sixte mineure en descendant, en supprimant la note sensible.

On peut aussi combiner les deux systèmes, et ce procédé atténue parfaitement tout sentiment de dureté, la partie descendante faisant la sixte mineure et supprimant la note sensible, la partie ascendante conservant la sixte mineure et la note sensible. Il est donc utile de pratiquer les deux systèmes, mais en habituant d'abord l'oreille à la tonalité mineure caractérisée par la tierce et la sixte mineure, *cordes modales* qui ont pour base harmonique la tonique et le quatrième degré de la gamme.

Gammes chromatiques.

Le doigté le plus généralement adopté pour la gamme chromatique et les variantes à la tierce, à la sixte, à la dixième, par mouvement contraire, consiste à placer régulièrement dans cette succession par demi-tons le troisième doigt sur toutes les touches noires aux deux mains, que la gamme soit ascendante ou descendante. C'est le doigté indiqué comme préférable par Hummel et H. Herz. Nous l'adoptons aussi comme traduisant mieux les passages de force.

Czerny, Zimmermann, Cramer, Chopin, présentent d'autres modèles de doigté, où l'emploi du deuxième doigt, du troisième, du quatrième revient périodiquement pour utiliser un plus grand nombre de doigts sans passer le pouce. Ces modifications ingénieuses peuvent exceptionnellement s'utiliser dans les passages rapides et légers, ou dans les variantes de traits dérivés des gammes chromatiques, s'y raccordant pourtant.

C'est aux professeurs expérimentés, aux élèves attentifs et chercheurs du mieux, à trouver l'application convenable de ces différents procédés. Mais il importe d'abord de choisir un doigté régulier, uniforme comme expression du doigté normal. Les exceptions viennent ensuite suivant la contexture des traits, leur caractère de force ou de légèreté.

Gammes en tierces et sixtes plaquées (liées).

L'étude des gammes en tierces plaquées et liées, parcourant toute l'étendue du clavier dans tous les sens et dans les deux modes, puis enfin chromatiquement, doit, ainsi que celle des différentes variétés de gammes à l'octave, à la tierce, à la sixte, à la dixième par mouvement contraire, être toujours précédée d'exercices à mains posées, fixes, avec notes tenues, où chaque groupe de tierces sera étudié d'abord isolément dans les différentes rythmes, puis sans notes tenues, avec les différentes combinaisons des cinq doigts et dans toutes les tonalités, enfin en parcourant le clavier sans passer le pouce; puis par translation à la main de deux en deux, de trois en trois, de quatre en quatre, etc.

Ces exercices rythmés, dont on trouve de nombreux exemples dans les méthodes et répertoires d'exercices que nous recommandons aux professeurs, doivent précéder l'étude des gammes en tierces. Il faudra même insister fortement, avant de les commencer, sur quelques exercices spéciaux préparatoires au passage du pouce sous la main et au passage des troisième, quatrième, cinquième doigts sur le pouce servant alors de point d'appui, de pivot pour l'inflexion de la main.

On fera sagement d'étudier d'abord les gammes en

tierces plaquées les moins séparées, car il faut une attention très particulière pour obtenir l'attaque bien simultanée et précise des doubles notes; il faut de plus s'attacher à obtenir la liaison et la régularité dans la succession des sons. En général, les élèves arpègent les doubles notes d'une matière plus ou moins sensible, mais toujours très appréciable pour une oreille exercée. Ces arpèges fréquents et inconscients produisent nécessairement un manque absolu de clarté dans l'ordre des sons, un manque d'ensemble dans l'attaque des deux mains, quelque chose de confus, de bourdonnant et de lourd.

Il est donc d'une grande importance d'insister longuement sur les exercices préliminaires et préparatoires en doubles notes avant d'aborder l'étude des gammes en tierces.

Les tierces doivent aussi être étudiées *staccato*, mais il faut insister plus particulièrement sur le jeu lié. Dans les gammes entièrement *staccato* qui comportent fort peu d'accidents, et de préférence dans le ton d'*ut* majeur, on peut employer les mêmes doigts et faire les suites de tierces par l'action du poignet :

3 — 4 —
1 — 2 —

Mon *septième exercice modulé* contient toute la série des gammes en tierces.

Sixtes plaquées et liées.

Les gammes en sixtes plaquées et liées dans tous les tons majeurs et mineurs sont d'un usage moins fréquent que celui des tierces, mais nous en recommandons l'étude aux élèves dont le mécanisme est déjà formé ou du moins un peu avancé, à ceux surtout pour qui le développement de la main, l'écartement des doigts ne forment pas un obstacle trop grand; car il faut soigneusement éviter toute contorsion de la main et des doigts.

Les gammes en sixtes, comme celles en tierces, seront précédées d'exercices en sixtes à mains posées, fixes à notes tenues, afin d'exercer chaque sixte séparément, avec les différents rythmes par deux, trois, quatre, six et huit; même travail pour les sixtes liées sans passage du pouce; et aussi pour les sixtes liées par deux, par trois, par quatre, etc., parcourant le clavier sans passer le pouce. Tous ces exercices préliminaires dans tous les tons, majeurs ou mineurs, sont indispensables ainsi que les exercices spéciaux pour le passage du pouce sous la main, et le passage du cinquième et du quatrième doigt par-dessus le pouce, servant d'appui et de pivot.

Le doigté des gammes en sixtes plaquées doit être

très soigneusement étudié. Le professeur et l'élève rechercheront attentivement les groupes des doigts offrant autant que possible similitude et analogie aux deux mains, et des formules régulières, symétriques ; au double point de vue du doigté et de l'indépendance des doigts, la succession des sixtes liées, dans les gammes dont la tonalité exige de nombreux accidents, présentera des groupes de doigts d'une gymnastique excellente. Il est à remarquer que ce genre de gamme doit toujours commencer par la tierce et l'octave.

Une gamme en sixtes commençant sur la tonique détruirait dès la première note la tonalité. Il faut donc que la première sixte, la plus élevée, et la note finale aient pour note grave la troisième note ou *médiante* du ton.

$\frac{2}{1}$ $\frac{3}{1}$ $\frac{4}{1}$ $\frac{5}{1}$ $\frac{5}{2}$ $\frac{4}{2}$ $\frac{5}{3}$ sont les groupements usités à la main droite.

$\frac{1}{5}$ $\frac{1}{4}$ $\frac{1}{3}$ $\frac{1}{2}$ $\frac{2}{5}$ $\frac{2}{4}$ $\frac{3}{5}$ sont les groupements employés à la main gauche.

Par l'emploi judicieux, raisonné de ces accouplements de doigts, si l'on s'étudie avec soin à ne jamais quitter une sixte avant d'avoir attaqué la sixte suivante, on aura des successions de notes liées, égales, régulières. L'élève pourra lui-même, guidé par les indications du maître, s'exercer à trouver les meilleurs doigtés ; ceux qui seront les plus réguliers, dérangeront le moins la succession logique et naturelle des doigts. A la main droite les groupes $\frac{4}{1}$ $\frac{5}{2}$ reviennent fréquemment sur les touches noires : à la main gauche et dans les mêmes conditions, ce sont les groupes $\frac{2}{5}$ $\frac{1}{4}$ qui correspondent.

En faisant alterner les tierces et les sixtes et en introduisant d'autres intervalles harmoniques, on pourra créer des variétés très nombreuses en doubles notes, dont on trouvera de très bons exemples dans les exercices journaliers et l'*École du virtuose* de Czerny, ainsi que dans le *Mécanisme du Piano appliqué à l'étude de l'harmonie* par Ch. Duvois.

Gammes chromatiques en tierces.

Cette succession en doubles notes est une excellente gymnastique des doigts, d'un usage assez fréquent dans la musique moderne de grande virtuosité. Chopin affectionnait le genre chromatique et l'employait fréquemment.

Les successions chromatiques de tierces se placent presque toujours à distance de tierces mineures. Pourtant, quoique fort peu usitée, la gamme chromatique à intervalles successifs de tierces majeures demande aussi à être étudiée.

Henri Herz donne dans sa Méthode de piano un doigté

très régulier, très normal, celui que nous adoptons. Les exemples de tierces superposées formant suite d'accords de septièmes diminuées et aussi par mouvement contraire sont d'un bon travail. Zimmermann consacre, dans son *Encyclopédie du piano*, un paragraphe assez développé aux passages chromatiques en tierces et en sixtes. Il présente divers modèles de doigtés pour les gammes faites des deux mains, ensemble et séparément. Pour les premières, il adopte de préférence les groupes de doigts qui permettent de changer de position en même temps, et où le passage du pouce a lieu simultanément.

A mains isolées, le doigté peut se modifier suivant le point de départ et le temps d'arrêt du trait.

Les gammes chromatiques en sixtes mineures et majeures doivent aussi être étudiées comme nous l'avons déjà dit, lorsque l'écartement des doigts et le développement de la main permettent ce travail sans amener de contractions disgracieuses. Ces sortes de successions se rencontrent surtout dans la musique moderne; elles y sont pourtant beaucoup plus rares que les tierces.

Les suites chromatiques d'accords de sixte avec tierces intermédiaires sont d'un très bon effet; la basse procède alors en notes simples, et la main droite fait une succession de quartes chromatiques. (Voir la Méthode de Herz.)

Les traits en tierces glissées se font très rarement. Mais il faut en connaître le procédé, tout en l'employant discrètement. Elles ont, à notre avis, le double inconvénient de fatiguer le clavier et d'écorcher souvent les doigts.

Les gammes chromatiques en tierces doivent être étudiées très lentement et les mains séparées avant d'être exercées les mains ensemble. La parfaite possession de ces successions est indispensable; l'emploi en est très fréquent dans les œuvres modernes. Zimmermann, dans son Encyclopédie du pianiste, Herz, dans sa Méthode, donnent d'excellents modèles de ces sortes de traits à mouvement semblable et à mouvement contraire. Les exemples de doigtés différents donnés par Zimmermann et le modèle typique proposé par Herz demandent un long exercice, les mains séparées, puis ensemble.

Certains modèles de doigtés sont préférables quand les mains agissent ensemble; à mains isolées, les accouplements de doigts peuvent différer et se succéder avec plus de facilité. Le principe est à étudier.

Des octaves.

Les gammes en octaves, comme les autres espèces de gammes, doivent être étudiées dans tous les tons, majeurs et mineurs, et aussi par successions chromatiques.

Il faut s'exercer à les faire du poignet, avec élasticité et souplesse, dans les passages de légèreté; de l'avant-bras et même du bras dans les passages d'énergie, de force, ou qui demandent une accentuation passionnée; enfin des doigts, *legato*, dans les phrases expressives et chantantes où la pression du clavier par la seule action des doigts est préférable. Dans ce dernier mode, il faut souvent, à la main droite, faire alterner et succéder les doigts accouplés de la sorte:

4 5 5 4 et 3 4 5
1 1 1 1 1 1 1

sans quitter le clavier, et ne faire intervenir l'action du poignet que lorsqu'il y a impossibilité absolue d'immobiliser la main.

Les doigtés par substitution sont aussi d'un emploi très utile pour lier les sons et prendre une nouvelle position sans quitter le clavier. On peut glisser deux fois le 5e doigt d'une touche noire à une touche blanche. On place presque toujours le 4e doigt sur les touches noires dans les successions d'octaves chromatiques ou accidentées; toutefois ce n'est pas un principe absolu.

Le même mode de doigté doit être employé à la main gauche, soit:

1 1 1 1 1
5 4 3 4 5

et les doigtés par substitution dans les mouvements modérés et passages chantants.

Il conviendra de beaucoup insister sur l'étude des gammes en octaves dans tous les tons majeurs et mineurs et sur les gammes chromatiques à différents intervalles, tierces, sixtes, dixièmes, par mouvement semblable et par mouvement contraire. Mais il faudra particulièrement s'exercer à exécuter les mêmes formules, *staccato* et *legato*, du poignet et par la seule action des doigts. Plus tard, quand on aura étudié les différentes variétés d'arpèges et d'accords brisés, on les fera aussi en octaves, les mains séparées et ensemble.

Il faut habituer de bonne heure les élèves chez lesquels l'exiguïté de la main n'est pas un obstacle insurmontable, à placer le 4e doigt sur les touches noires; c'est un acheminement à lier les sons. Mais ce principe général n'est pas une règle absolue. De nombreux passages nécessitent l'emploi du 5e et même du 3e doigt sur les touches noires.

Des accords.

On donne le nom d'accords à l'émission simultanée, bien précise de plusieurs sons à intervalles disjoints et conjoints. Les accords sont de deux sortes : consonants et dissonants. Ils sont consonants quand aucun intervalle dissonant n'entre dans leur formation.

Telles sont la *tierce*, la *sixte*, la *quinte* et l'*octave*.

Les intervalles de seconde, de septième et de neuvième, employés dans les accords, les rendent dissonants, et leur donnent cette teinte âpre, triste, douloureuse qui appartient plus particulièrement à l'harmonie dissonante comme au mode mineur.

Pour bien attaquer un accord, il faut non seulement donner à la main la position la plus naturelle, mais encore espacer les doigts entre eux, suivant la nature des intervalles, de manière qu'ils soient également écartés sans contorsion de la main. Les accords, de même que toutes les formules qui sont les éléments constitutifs du mécanisme, doivent être étudiés *forte, piano, liés, détachés, legato, staccato,* avec les différentes variétés d'accent et toutes les combinaisons rythmiques qu'un travail réfléchi peut faire obtenir.

Dans les accords de trois sons, les doigts sont rapprochés; dans les groupes de quatre sons les intervalles sont plus grands. Il faut, quelle que soit la nature de l'accord, resserré ou espacé, conserver aux doigts leur liberté d'action, ne pas les contraindre, à moins d'un exercice spécial fait avec discrétion, à saisir des intervalles trop écartés, mais au contraire bien équilibrer la distance qui convient à chaque doigt en suivant la position la plus naturelle, car on doit pouvoir attaquer ces groupes de notes sans le moindre effort, avec légèreté ou avec énergie, lentement ou dans un mouvement vif.

Les doigts qui se prêtent le mieux à l'extension sont les deux doigts extrêmes aux deux mains, premier et cinquième, puis également aux deux mains, premier et quatrième, premier et troisième, premier et deuxième.

Le troisième et le cinquième se prêtent assez facilement à l'écart. Il y a plus de gêne entre les doigts du milieu de la main lorsqu'ils n'ont pas comme point d'appui ou le pouce ou le petit doigt. Le doigté des accords a été très bien traité dans les articles spéciaux, accompagnés de nombreux exemples pratiques, dus à L. Adam, Bertini, H. Herz. Stamaty *(Rythme des doigts)*, Villoing et Ch. Duvois *(Le mécanisme du piano appliqué à l'étude de l'harmonie)*.

Presque tous les compositeurs d'études ont écrit une ou plusieurs pièces traitant ce genre de difficulté. Moschelès, Heller, Bertini, V. Alkan, Ravina, en ont publié un certain nombre.

Les accords qui demandent une sonorité profonde, énergique, puissante doivent être attaqués de l'avant-bras et du bras, sans dureté toutefois. Il faut enfoncer le clavier, ne pas heurter les touches, mais en exprimer pour ainsi dire le son par la pression des doigts s'ajoutant à l'action du bras, éviter toujours la sécheresse et la brusquerie, défauts trop fréquents chez les élèves qui cherchent l'intensité du son en nég'igeant la qualité, et qui traduisent toujours les notes détachées par une attaque dure, sans vibrations prolongées.

Les accords légers, détachés, *staccato*, qui exigent une sonorité claire, transparente, un jeu fin, un toucher délicat, doivent être faits du poignet, à main souple et très libre ; il faut toujours s'appliquer à obtenir une bonne sonorité, éviter les accents secs ou pointus.

Pour les accords liés, *legato*, *sostenuto*, on peut, suivant la nature du passage, employer soit la seule action des doigts transmettant le son par des doigtés de substitution, soit la succession d'un accord de sonorité moindre à un accord attaqué fort.

En adoucissant graduellement l'intensité, en fondant, pour ainsi dire, les sons d'une importance secondaire dans l'accent de force donné à un accord de valeur harmonique plus grande, on arrive à une sorte de *legato* qui fait illusion. Mais ce moyen ne s'applique qu'aux élèves déjà avancés. C'est surtout par l'action intelligente de la pédale que l'on peut obtenir un jeu lié et soutenu, alors que l'on doit déplacer la main et la porter à de grands intervalles.

Les accords ne sont pas toujours *plaqués*, attaqués avec une rigoureuse précision, avec une égale force à tous les doigts ; ils peuvent encore être arpégés et produire un excellent effet. Les accords arpégés s'indiquent par une ligne tremblée placée à gauche du groupe de notes formant accord. L'arpège s'exécute en faisant entendre successivement et avec une grande régularité toutes les notes de l'accord, en commençant par la plus grave et en montant progressivement jusqu'à la plus aiguë. On doit, malgré la rapidité de succession, percevoir très distinctement et dans un ordre parfait toutes les notes de l'accord ; seulement les sons se succèdent plus espacés et plus rapides, suivant la valeur de l'arpège (1).

Les accords peuvent être arpégés des deux mains

---

1 Moschelès et Chopin ont écrit deux belles études en accords arpégés.

ou par une seule, si une seule main arpège et que l'autre fasse une suite d'accords *plaqués*. Ces derniers couronnent l'arpège, c'est-à-dire marquent le temps sur la dernière note de l'accord arpégé. L'accent de force et l'accent mélodique, à moins d'un effet particulier cherché, voulu par le compositeur, reposent sur les notes les plus élevées des accords, sur celles qui indiquent la mélodie et marquent le temps.

Dans les accords *arpégés* et *soutenus*, il faudra maintenir les doigts sur les touches frappées, de manière à bien conserver la tenue de l'harmonie, la vibration intégrale des accords. Au contraire, dans les accords *arpégés* et *détachés*, on devra relever rapidement les doigts et quitter le clavier pour éteindre les vibrations.

Il existe encore d'autres modes exceptionnels d'arpéger les accords, soit en donnant à la partie supérieure une plus grande importance mélodique, une plus-value de durée, soit en faisant contraster ou alterner des arpèges soutenus avec des arpèges *staccato*, soit enfin en ne laissant vibrer que certaines notes des accords et en relevant rapidement les doigts des touches dont le son doit s'éteindre. Herz, dans sa Méthode, a écrit un excellent chapitre sur ces divers procédés ; leur application bien entendue produit de charmants effets et donne de nombreuses variétés d'accent.

Des arpèges et accords brisés développés sous forme d'arpèges

Il convient de longuement insister sur l'étude des arpèges. Ce genre de trait, emprunté aux formules usitées dans la musique de harpe, est souvent employé avec grand effet par la nombreuse phalange des pianistes compositeurs, qui en ont fort usé et même abusé quelque peu. Mais les mille variantes de l'arpège étant entrées dans l'infinie nomenclature des traits et broderies modernes, il importe d'en bien posséder le mécanisme.

L'arpège développe, dans une étendue qui peut embrasser toute l'échelle musicale, les notes formant les accords. Les sons entendus successivement, dans un mouvement presque toujours rapide, donnent à l'harmonie une grande richesse, et se prêtent à toutes les nuances de sonorité. Les formules en doivent être étudiées dans tous les rythmes, par deux, par trois, par quatre, par six, par huit, etc., en commençant dans un mouvement lent pour arriver peu à peu à la plus grande rapidité.

Il faudra non seulement travailler l'accentuation mesurée, mais aussi exécuter les arpèges sans faire sentir le fractionnement des temps, les divisions de la mesure. Enfin le mécanisme parfait est encore insuffisant, si l'on ne possède bien la couleur, le sentiment du son, et si l'on ne peut à son gré exécuter avec énergie, avec éclat, ou dans une nuance légère, délicate, vaporeuse, ces formules de bravoure et de virtuosité, transcendantes, quand on arrive à leur donner tout le *brio* voulu.

Les difficultés à vaincre pour bien faire les arpèges sont de plusieurs sortes : l'égalité et la régularité de succession, l'articulation, l'attaque du clavier bien nette, la fermeté d'accentuation, le sentiment du rythme et de la mesure bien sévère, la puissance et la fluidité du son, la souplesse de la main dans les déplacements rapides, enfin l'adresse du pouce dans ses évolutions diverses, soit qu'il se glisse sous la main, soit qu'il serve de pivot, de point d'appui lorsque les doigts passent à leur tour sur lui.

Il serait sage de faire précéder l'étude des arpèges d'exercices à mains posées, avec notes tenues servant de point d'appui, pour bien habituer le pouce à franchir les intervalles disjoints, sans disgracieuses contorsions de la main. Il faut exercer également le passage des deuxième, troisième, quatrième, cinquième doigts, à intervalles disjoints passant sur le pouce, qui sert alors de pivot.

Quand l'accord arpégé ne dépasse pas l'étendue d'une octave et revient sur lui-même pour reprendre une nouvelle position et faire entendre tour à tour les divers renversements de l'accord, on doit, quel que soit le ton, et malgré le nombre d'accidents qu'il comporte, attaquer la note initiale par le pouce de la main droite et le petit doigt de la main gauche. Mais cette règle cesse d'être absolue, si l'arpège est développé dans une étendue de deux, trois ou quatre octaves : il y a alors deux modes de doigté également employés, et que l'on devra alternativement exercer et posséder avec la même facilité.

En principe, le doigté des accords, soit à l'état direct, soit dans leurs renversements, sert en grande partie de base au doigté des arpèges. Pourtant, s'il y a de nombreuses analogies, en ce qui concerne beaucoup de formules, entre le doigté des accords frappés et celui des accords développés sous forme d'arpèges, il faut noter un certain nombre d'exceptions et aussi une divergence d'opinions parmi les maîtres les plus autorisés. Ainsi plusieurs n'admettent pas comme modèles de doigté, dans les tons qui exigent des accidents, que la note initiale, si c'est une touche noire, soit attaquée par le pouce à la main droite ou par le petit doigt à la main gauche. Ils placent à la main droite le deuxième doigt sur la première touche noire au grave, le quatrième sur la touche noire la plus élevée ; à la main gauche le troisième ou le quatrième doigt sur la touche noire au grave, le deuxième doigt sur la touche noire la plus élevée.

Nous engageons professeurs et élèves à étudier les deux systèmes de doigté. H. Herz, Stamaty, Michel Bergson, Roubier, Ch. Delioux indiquent des procédés différents. Ces divergences ont une raison d'être, un principe qu'il est bon de connaître, un mode de doigté qu'il faut également pratiquer. Faire mouvoir librement, avec facilité, le pouce et le petit doigt sur les touches noires, nous paraît indispensable dans les arpèges de bravoure, dans les traits ou accords brisés; mais l'autre mode de doigté offre à des mains moins exercées, moins agiles, dans les déplacements rapides, un moyen plus sûr de lier les sons et d'éviter l'inégalité de succession, en prenant pour point d'appui aux deux extrémités de l'arpège les doigts plus naturellement placés sur les touches noires.

Nous insistons sur la possession des deux moyens, qui, suivant la nature du passage, le caractère bien déterminé du trait, la disposition des accents rythmiques ou mélodiques, peuvent être tour à tour préférés.

Thalberg, Prudent, Dœhler, Gottschalk, Goria, ont donné dans leurs compositions de concert une importance prédominante aux traits en arpèges et accords brisés. Les formes multiples et variées de ces broderies légères ou brillantes, la grande sonorité obtenue par le parcours étendu du clavier, les harmonies vibrantes, les accents plus colorés, la mélodie plus transparente, tous ces motifs réunis ont séduit ces compositeurs ingénieux, virtuoses transcendants, cherchant des effets nouveaux en dehors des habitudes prises ou des exemples donnés par leurs illustres devanciers.

Mais, disons-le en toute franchise, il y a eu un véritable abus de ce procédé à la mode; on a exagéré la sonorité naturelle du piano, créé sans le vouloir une école bruyante et tapageuse cherchant l'effet avant tout, abusant de la force et de la pédale, étourdissant les auditeurs sans penser à les charmer par le bien dire. Ces exagérations ont provoqué une réaction salutaire parmi les musiciens de sens et de goût; on a peu à peu abandonné ces procédés de haute gymnastique pour viser à la phrase chantée, à une belle sonorité, normale, bien conduite; et nous croyons n'y avoir pas été tout à fait étranger en popularisant les œuvres de grand style des maîtres anciens et modernes.

Accords brisés.

Tous les accords consonants et dissonants et toutes les successions harmoniques, usitées ou à trouver, peuvent se prêter à des combinaisons d'arpèges ou d'accords brisés. Dans ce dernier genre de traits (accords brisés), les notes des accords, au lieu de se succéder dans l'ordre régulier, en faisant entendre les différents sons de l'accord, développés suivant la place qu'ils occupent dans le groupe harmonique, procèdent par inversion, brisent la ligne, l'ordre naturel de succession, espacent ou rapprochent les intervalles.

Ces sortes de traits ingénieux parcourent moins vite et avec moins de *brio* l'étendue du clavier, mais ils ont un caractère tout particulier de fermeté d'accent et donnent au virtuose habile, exercé, l'occasion de faire valoir soit le brillant de son exécution, soit sa bonne sonorité, par la manière intelligente de relier les sons entre eux.

Nous répétons les mêmes observations sur les deux systèmes de doigté usités pour les arpèges. S'habituer à l'emploi du pouce et du petit doigt sur les touches noires. Exercer aussi les accords brisés, développés dans toute l'étendue du clavier, en montant et en descendant. Employer de préférence à la main droite le deuxième doigt sur les touches noires servant d'appui aux notes graves, le troisième et le quatrième de préférence sur les touches noires, notes élevées de l'accord brisé. Le doigté exactement inverse à la main gauche : le troisième et le quatrième doigt sur les touches noires graves de l'intervalle; le deuxième sur la touche noire haute; le pouce et le petit doigt de préférence sur les touches blanches; mais en ce cas, comme toujours et sans exception aucune, c'est en essayant les dispositions les plus naturelles, les plus simples des doigts que l'on trouvera le meilleur doigté, celui qui évitera toute contraction inutile, tout effort non motivé.

Étudier dans H. Herz, Stamaty, Duvois, Villoing, les formules nombreuses et variées qu'ils donnent comme types d'exercices.

Des ornements et notes de goût.

Si les ornements de bon goût et bien placés sont utiles à l'effet général d'une pièce de musique vocale ou instrumentale, les fioritures sont encore plus nécessaires dans la musique de piano, qui, privée de la faculté de filer le son comme la voix et les instruments à vent, à archet, doit suppléer à cette infériorité relative par une plus grande richesse d'harmonie, des oppositions plus fréquentes de sonorité, un plus grand emploi d'ornements dans les phrases de chant. Mais il ne faut pas tomber dans l'abus des fioritures qui sont explicables, motivées chez les anciens maîtres.

Pour les clavecinistes, nos devanciers, les nombreuses variétés d'ornements employés ne répondaient pas seulement au goût de l'époque et à la vogue des broderies de tout genre, mais avaient surtout en vue de dissimuler, par la répercussion fréquente des mêmes notes, le manque de tenue du son, l'absence de vibrations prolongées de la note attaquée. Les épinettes et clavecins de Rameau, Couperin, Frescobaldi, Scarlatti, etc. ne se prêtant nullement aux effets de sonorité, aux nuances si variées du piano moderne, ces maîtres de génie, pour dissimuler les côtés défectueux de leurs instruments, qui étaient alors l'expression la plus parfaite des *clavicordes* et *virginales*, ornaient et agrémentaient leur exécution à l'infini : de là ces fioritures incessantes, qui nous semblent aujourd'hui fatigantes, monotones, de parti pris, et qui déparent pour nous leurs naïves et charmantes mélodies, leurs airs de danse si originaux et si caractéristiques.

Les musiciens curieux de connaître ce genre précieux feront bien de consulter le magnifique ouvrage de notre regretté Méreaux, *les Clavecinistes* (1), ainsi que la belle publication de Farrenc, *le Trésor des pianistes*.

Ces broderies, qui souvent aujourd'hui nous paraissent étranges, bizarres, surannées, et qui, pour de savants harmonistes, des virtuoses vraiment habiles, avaient leur raison d'être, sont pour la plupart tombées en désuétude ; elles restent dans le domaine des érudits et des chercheurs. Haydn et Mozart en abandonnant le clavecin pour les premiers essais de piano, avaient renoncé dans leurs œuvres à la majeure partie de ces fioritures. L'école des clavecinistes s'est peu à peu transformée sous la forte impulsion des hommes de génie et des patriarches de l'école moderne du piano, Clementi, Cramer, Dusseck, Steibelt... pour arriver aux grandes illustrations, Beethoven, Weber, Hummel, Fied, Moschelès, etc.

Reconnaissons pourtant que les clavecins, d'une sonorité si grêle, si aigrelette, en comparaison des vibrations puissantes de nos pianos modernes, offraient des

(1) Toutes les abréviations, toutes les fioritures des anciennes œuvres des *Clavecinistes* ont été traduites en toutes notes et mesurées dans la remarquable édition Méreaux.

variétés de timbre, des accouplements de clavier, permettaient enfin des effets tout particuliers, curieux, séduisants. Nous avons entendu et essayé un clavecin appartenant à Jacques Herz, et nous avouons que l'heureux propriétaire de ce bijou musical nous a charmé avec ses improvisations *à la Scarlatti.*

De tous les ornements anciens conservés dans la musique moderne, le trille est le plus important, le plus usité, le plus brillant comme le plus utile. Aussi voulons-nous lui consacrer un chapitre spécial, non que nous ayons la pensée de codifier ses variétés si nombreuses, mais parce qu'il mérite une double étude au point de vue du mécanisme et de l'ornementation de la mélodie.

Après le trille, les ornements les plus usités dans la musique moderne du piano sont le *brisé* ou *mordant,* les appoggiatures inférieures et supérieures, simples et doubles, les ports de voix à tous les intervalles, les différents *gruppetti,* l'accord arpégé.

Les compositeurs modernes, pour être certains de faire exécuter en mesure, bien à leur place, les *notes accessoires* dont ils agrémentent leurs compositions, les écrivent en valeurs usuelles et mesurées ; mais la musique des maîtres, gravée et regravée depuis cinquante ans, renferme de nombreuses fioritures en petites notes dont la durée relative est souvent indiquée d'une façon très irrégulière.

L'interprétation de ces ornements est laissée au goût individuel du professeur, qui, s'il ne possède bien la tradition, peut se tromper de bonne foi. Nous allons donc donner quelques indications sommaires, en renvoyant pour de plus amples détails à la méthode de L. Adam et à l'école des ornements de Czerny, à l'*Encyclopédie* de Zimmermann, et au très intéressant ouvrage de Félix Godefroid, intitulé : *Méthode de chant appliquée au piano.*

L'appoggiature, note appuyée, est une dissonance mélodique non préparée, attaquée en dehors de l'harmonie servant d'accompagnement. Cette note de goût est toujours placée sur les temps forts ou la partie forte des temps faibles.

L'appoggiature s'appuie, s'unit, se résout en un mot sur une note essentielle de l'accord par un mouvement de seconde mineure ou majeure, suivant la place occupée dans l'échelle tonale. Presque toujours l'appoggiature inférieure est à distance de seconde mineure de la note principale sur laquelle elle fait sa résolution en montant d'un degré.

L'appoggiature supérieure est le plus souvent une note diatonique à distance de seconde majeure ou mineure, suivant la place occupée, de la note principale sur laquelle elle s'appuie. Sa résolution se fait en descendant d'un degré.

La durée de l'appoggiature n'est pas fixe et invariable: cette note de goût prend le mouvement, l'allure des valeurs auxquelles on l'adapte. Dans les morceaux lents ou modérés, dans les phrases expressives, chantantes ou gracieuses, les notes faisant appoggiature prennent moitié de la valeur réelle des notes principales auxquelles elles se lient. C'est la note de goût qui porte l'accent expressif; la note qui suit est toujours d'une sonorité moindre, presque effacée, comme le serait un mot à peine prononcé à la fin d'une phrase. L'emprunt de durée fait aux notes principales de la mélodie n'est pas toujours, nous venons de le dire, la moitié de la valeur écrite: il y a de nombreux exemples où l'appoggiature n'emprunte qu'une valeur moindre, le quart ou le huitième de la note principale. Dans les mouvements vifs et dans les traits légers, l'*appoggiature* perd de son importance d'accent, et se confond dans la couleur générale du passage.

Un professeur expérimenté, s'il connaît bien la valeur exacte des mots employés dans le discours musical, appliquera en leur temps les différences d'interprétations appropriées au style de chaque maître, suivant la date des compositions, l'expression et le caractère des passages.

Nous ferons les mêmes observations, les mêmes recommandations pour l'exécution des ports de voix, notes de goût placées à intervalles disjoints des notes principales, auxquelles elles s'unissent en portant le son par un *legato* très marqué, à la manière des chanteurs ou des instrumentistes, qui prennent appui sur un son grave pour franchir un intervalle éloigné. Ces ornements, convenablement employés, sont d'un charmant effet et d'une grande élégance.

Les ports de voix employés au piano peuvent se faire à de grandes distances mélodiques, mais, s'il s'agit d'une phrase traitée dans le genre vocal, il faut les employer dans les limites restreintes de la voix.

Ce genre d'ornement peut aussi trouver son emploi dans les passages de légèreté et de grâce. Field, Chopin, H. Herz, Ravina, Schuloff, Gottschalk, en ont donné de nombreux exemples.

Le brisé ou mordant, souvent indiqué par ce signe d'abréviation (~), est un simple battement de trille exécuté avec beaucoup de vivacité, d'une façon rapide, incisive. Il faut accentuer la note principale, celle qui sert de point d'appui, et non les petites notes qui doivent s'unir à la note essentielle. L'appoggiature double, inférieure et supérieure réunies, s'exécute souvent comme le brisé, c'est-à dire avec une extrême vivacité; mais alors généralement les deux petites notes portent l'accent mélodique et non la note principale.

Nous avons l'habitude de faire traduire le brisé et l'appoggiature double de telle sorte que la note essentielle porte exactement sur le temps, et marque l'accent de mesure ou l'accent mélodique. Quelques auteurs pensent, au contraire, devoir faire attaquer les petites notes sur le temps; tel n'est pas notre avis : nous préférons de beaucoup exécuter les petites notes un peu avant le frappé du temps indiqué par la note essentielle.

On ne saurait trop veiller sur un défaut presque général chez les élèves : celui de laisser convertir le brisé en un *triolet*, trois notes égales faites mollement et sans accent.

Le *gruppetto* est un ornement mélodique de trois, quatre ou cinq notes, contournant diatoniquement une note chantante. Il y en a plusieurs variantes dont on trouvera de nombreux exemples dans les méthodes déjà citées.

On écrit le plus souvent le *gruppetto* en petites notes et aussi en notes usuelles mesurées. Ce genre d'ornement tout à fait doux doit s'interpréter avec grâce, sans précipitation; il emprunte à la note qu'il brode une partie de sa durée.

Le *gruppetto* peut se placer avant la note essentielle, sur la note même et aux fins de phrase, entre deux notes principales, faisant cadence finale.

Voici le signe d'abréviation qui remplace souvent les petites notes (∽). Les accidents placés au-dessus du signe ou au-dessous affectent, suivant leur disposition, la note inférieure ou supérieure.

Sur l'interprétation des notes de goût. Observations générales.

Les ornements, fioritures, notes de goût qui s'adaptent aux notes saillantes de la mélodie, aux cadences finales des phrases chantantes, expressives ou élégantes, doivent de préférence s'exécuter dans un mouvement modéré plutôt que vif. On doit en cela prendre pour modèle les chanteurs de grand style, dont le nombre tend malheureusement à diminuer, et chercher à reproduire leur manière de conduire le son, de moduler la phrase.

Ce sentiment intime et profond de la prédominance de l'art vocal dans l'interprétation de la mélodie pure nous fait souvent répéter aux élèves : Traduisez cette phrase, ces ornements d'une manière vocale.

C'est avec une grande discrétion et une réserve extrême qu'un virtuose, même bon harmoniste, doit se permettre d'ajouter des ornements de son invention au texte des maîtres. Il faut respecter la *pensée intégrale*, à moins, comme le fait judicieusement observer Zimmermann, qu'il ne s'agisse de compléter une progression harmonique, une succession forcément interrompue par le compositeur, faute d'avoir eu à sa disposition, à l'époque où l'œuvre a été écrite, les sept octaves du clavier moderne. Si le professeur est harmoniste et compositeur lui-même, il pourra accomplir ce travail additionnel.

Quant à toucher au texte, quant à l'agrémenter d'arabesques, il faut avant de s'y décider se sentir très bon harmoniste et de plus initié aux différents styles des maîtres, pour ne pas compromettre l'œuvre par des anachronismes, des contresens. Certaines broderies, charmantes chez Field, Hummel et Chopin, seraient de lourdes fautes de goût, appliquées à des andante de Haydn, Mozart ou Beethoven.

Dans les passages rapides et de nombres irréguliers, on évitera de scander d'une manière sensible les différentes divisions, qu'il faut fondre dans un ensemble parfait et une égalité irréprochables. Nous faisons la même recommandation pour les ornementations légères, délicates, pour les fines broderies qui contournent la mélodie, et l'enveloppent d'un réseau transparent ; la basse doit alors conserver son mouvement régulier, symétrique, servir de régulateur et de métronome harmonieux.

L'on ne doit jamais, à de très rares exceptions près, changer l'harmonie, modifier les basses voulues par le compositeur. Toucher à une œuvre d'imagination, la tronquer, la morceler, est presque un sacrilège musical. Souvent des coupures maladroites sont de véritables mutilations ; sous prétexte d'émonder certaines âpretés harmoniques, on risque d'enlever aux traits leur saveur originale, douloureuse ou sauvage.

Les exceptions permises sont donc très rares. On pourra, par exemple, réduire à une durée determinée des œuvres trop développées pour un concert, ou encore choisies comme pièces de concours. On peut encore modifier l'écartement des basses, tout en respectant l'harmonie du compositeur, dans les passages d'une contexture trop espacée pour des mains délicates ou manquant du développement nécessaire pour attaquer avec sûreté des traits de force et de bravoure, des accords frappés ou arpégés qui dépassent l'étendue normale de l'octave.

Du trille.

Le trille, que souvent l'on désigne à tort sous le nom de *cadence* (1), est un ornement qui consiste dans la succession régulière de notes à distance de seconde supérieure, mineure ou majeure, suivant la succession diatonique ou chromatique du passage. Les notes qui portent le trille désigné par *tr* servent de base à cet ornement et sont la note principale sur laquelle s'appuie le trille.

Les battements doivent être réguliers, égaux, clairs, rapides et plus ou moins prolongés suivant la valeur, la durée intégrale de la note agrémentée par le trille.

Il faut toujours commencer très lentement l'étude du trille, puis accélérer graduellement la vitesse des battements en augmentant et diminuant le son, si la durée du trille permet cette étude de sonorité.

Le trille commence et finit sur la note qui porte le signe *tr*. La note initiale la plus basse, la note principale en un mot, est celle qui porte le signe *tr*; la note auxiliaire, ajoutée à distance de seconde mi-

---

(1) La cadence mélodique et la cadence harmonique sont des repos, des temps d'arrêt dans une forme déterminée qui ponctuent le discours musical. Le trille, si souvent placé comme ornement brillant, trait final sur la cadence, est improprement désigné par un nom qui ne lui appartient pas, il orne la cadence mais n'est pas la cadence même.

neure ou majeure mais jamais augmentée, est la note diatonique supérieure.

Depuis quelques années, il est d'usage que le compositeur écrive en toutes notes la préparation du trille et aussi le mode de terminaison qu'il désire. Autrefois les formules de préparation et de terminaison étaient facultatives, comme le dit très bien Herz dans son excellente Méthode.

Zimmermann, dans son Encyclopédie, donne de nombreux exemples de préparations et de terminaisons; les Méthodes d'Adam et de Lemoine en contiennent aussi d'intéressantes.

L'étude mesurée du trille, tel qu'on le trouve indiqué dans les Méthodes de chant de Manuel Garcia, Damoreau, G. Duprez, etc., est un excellent travail. On procède alors en rythmant successivement les temps par groupes de deux, de trois, de quatre, de six, de huit; enfin, en accélérant la vitesse le plus possible sans que la netteté et la régularité des battements aient à souffrir de la vitesse acquise.

A la moindre irrégularité, il faut s'arrêter court et reprendre lentement, l'égalité et la netteté la plus parfaite étant les premières qualités d'exécution dans ce genre d'ornement.

Il faut apprendre à faire le trille de tous les doigts faibles ou forts, avec la même facilité, la même rapidité, le même brio; car il ne suffit pas d'acquérir la vitesse dans les battements, on cherchera aussi une articulation vive et ferme, un grande netteté et un martellement bien égal des deux sons qui forment le trille.

Il faut avoir soin de prolonger le trille pendant la durée intégrale de la note sur laquelle il est placé.

L'étude intelligente et persistante du trille est une des meilleures gymnastiques à faire pour égaliser le jeu, fortifier les mains faibles, rendre tous les doigts souples et indépendants. On travaillera le trille des cinq doigts, successivement dans tous les tons ; il est essentiel d'insister, aux deux mains, sur les groupes de doigts faibles, indociles ou d'un usage moins fréquent.

A la main droite, le trille avec les 4e et 5e doigts n'est que rarement employé. Les groupes de doigts 1er et 2e, 2e et 3e, 3e et 4e, 2e et 4e sont très usités.

A la main gauche, les doigts qui trillent le plus souvent sont les 2e et 1er, 3e et 1er, 3e et 2e. Bien rarement les groupes 4e et 3e, 5e et 4e.

La préparation la plus usitée consiste à faire entendre avant la note principale la note immédiatement au-dessous à distance de *seconde,* le plus souvent *mineure;* quelquefois le trille se prépare par la note supérieure. On le fait aussi très souvent sans préparation, mais en ralentissant les premiers battements.

Dans les successions diatoniques, ascendantes ou descendantes, de trilles continus, on évite de placer aucune note intermédiaire étrangère aux trilles; le plus souvent le trille s'exécute sans préparation ni terminaison, à moins qu'il ne plaise au compositeur d'indiquer un mode de préparation et de terminaison qu'il faudra alors observer.

Dans les mélodies et études à trille chantant et continu, employés avec tant d'habileté par Wilmers dans ses caprices *(la Fauvette* et *le Rossignol)*, le trille non interrompu doit produire l'effet d'un son prolongé, soutenu, augmentant ou diminuant d'intensité, comme dans les jeux d'orgue nommés *voix humaine* ou *trémolo mélodique*..

Pour les cadences brillantes et prolongées, qui, faites par les mêmes doigts, amèneraient forcément la fatigue et l'inégalité, Henri Herz a mis en usage un mode de doigté très ingénieux que presque tous les virtuoses emploient : on fait alterner régulièrement trois et quatre doigts, soit à la main droite les groupes 1 3 2 3/ 1 4 2 3/ à la basse 3 1 2 1/ 3 1 4 2/.

Ce mode de doigté, bien exercé, donne au trille prolongé un mordant, un brio extraordinaires, évite toute fatigue et conserve aux doigts leur énergie.

Il y a un autre procédé tout récent, employé par Liszt, Rubinstein, Ritter et quelques virtuoses de l'école moderne : c'est le trille divisé aux deux mains, pratiqué par les timbaliers dans les roulements précipités. Ce genre de trille, tout exceptionnel qu'il soit, produit le plus grand effet, quand on l'emploie à propos dans de grandes salles exigeant une sonorité intense.

Trilles en tierces.

Les trilles en tierces plaquées doivent aussi être étudiés aux deux mains, séparément et ensemble dans tous les tons majeurs et mineurs. On devra exercer toutes les combinaisons et groupes de doigts possibles, mais réguliers. Nous renvoyons pour les exemples à suivre aux méthodes et manuels maintes fois cités, et nous engageons en outre les élèves studieux à chercher et à créer eux-mêmes des formules nouvelles. Ils arriveront ainsi à se faire un mécanisme exceptionnel.

Voici les groupes de doigts à exercer à la main droite :

3 4   3 4
1 2   2 1

De préférence, surtout si la première note grave est prise sur une touche noire :

4 5 } peu usité   4 5 } usité   4 5 } très usité
1 2 }   2 3 }   2 1 }

Les trilles en tierces de la main gauche doivent être étudiés comme gymnastique de tous les doigts, mais ne sont réellement pratiqués qu'avec les groupes de doigts suivants :

2 1   1 2   et   1 2
4 3   4 3   5 4

Comme pour les trilles simples, les préparations sont facultatives, sauf indication précise et formelle du compositeur.

Les trilles en tierces peuvent exceptionnellement se faire divisés aux deux mains, en les faisant alterner rapidement et très régulièrement. Hummel, Moschelès et Henri Herz en offrent d'excellents exemples.

Trilles en sixtes.

Les trilles en sixtes sont une bonne étude comme indépendance et espacement des doigts entre eux. Ils se font avec les groupes de doigts :

4 5 / 1 2 } à la main droite.

2 1 / 5 4 } à la main gauche.

Il faut s'exercer à les rendre brillants, rapides et d'une grande égalité.

On peut, ainsi que pour les tierces, les faire divisés

avec deux mains ; mais il importe que cette succession alternée soit d'une régularité extrême.

Les trilles en octaves demandent des mains géantes, de dimension tout à fait exceptionnelle ; ils ne sont employés avec un effet réel que pour les octaves, divisés aux deux mains et martelés, à la façon du roulement des timbaliers.

Les trilles triples, simples d'une main et double de l'autre, n'appellent aucune observation particulière, si ce n'est l'obligation d'une égale indépendance des doigts, aux deux mains, afin que les battements arrivent à être aussi réguliers que rapides, étant donné le martellement ou simple ou double.

On peut encore, suivant la disposition du trille, employer exceptionnellement la division alternée des notes *aux deux mains*. Là encore, il faut que cette succession soit rapide, régulière, non interrompue, et que l'on ne sente jamais le moindre vide.

Le trille quadruple n'est autre chose que le trille en tierces et en sixtes doublées aux deux mains, ou un mélange de ces deux espèces de trilles.

Du trille accompagnant un chant.

Lorsqu'on aura à exécuter un trille continu et un chant à la même main, sorte de trait d'une usage presque constant dans les cadences finales de concertos et dans bon nombre de morceaux de bravoure, de fantaisies de concert, il faut d'abord jouer le chant sans faire le trille, en enfonçant et tenant la touche qui sert de base au trille ; puis bien mesurer et déterminer, suivant le degré de virtuosité, le nombre des battements par temps dont le trille doit se composer ; enfin ajuster avec précision les battements du trille continu qui accompagnent le chant, suivant la durée de chaque note de la mélodie, en ayant soin de frapper toujours la note mélodique avec la note qui porte le trille.

On trouve de nombreux exemples de ce genre de traits dans les études de Hummel, Moschelès, Cramer, Clementi, Kalkbrenner, Czerny, et, parmi les maîtres modernes, chez Herz, Dœhler, Henselt, ainsi que dans plusieurs de mes études.

Quelquefois, pour mettre les notes du chant plus en saillie, ou lorsqu'elles se trouvent à trop grande distance des doigts qui trillent, on attaque en premier les notes mélodiques, en revenant rapidement, sans aucune interruption, continuer le trille sous le chant. — Mais, en principe, les notes de la mélodie doivent presque toujours être frappées avec la note qui porte le trille.

Notes répétées.

Ce genre de répercussion rapide des notes mélodiques, fort en usage parmi les pianistes de la génération qui nous a précédés, a été surtout mis à la mode par Moschelès, H. Herz, Dœhler, Kalkbrenner, et les nombreux disciples et imitateurs de ces maîtres.

La difficulté à vaincre, le but à atteindre, sont d'obtenir une répétition rapide, sans intermittence, sans martellement sensible des mêmes notes. Il va sans dire qu'il faut observer le nombre de répercussions indiquées et les temps d'arrêts mélodiques.

L'effet produit doit faire assez illusion pour qu'on puisse croire à des sons soutenus, à des vibrations tremblantes, semblables aux cantilènes en trémolo que nous entendons journellement sur les orgues populaires. Le premier effet est joli, mais devient vite énervant, comme l'expression chevrotante de certains violonistes. Il faut, dans ces sortes de passages, ramener rapidement les doigts vers le centre de la main, aussitôt après l'attaque du clavier. Les doigts, repliés sous la paume de la main, reprennent ensuite successivement leur action vive et régulière pour la répercussion mesurée des notes mélodiques.

L'emploi non motivé et aussi l'abus fatigant de ces effets de sonorité ont fini par les démoder.

Du doigté.

Vouloir assigner au doigté des règles fixes, invariables serait tenter une entreprise impossible; les traits nouveaux, les combinaisons ingénieuses, originales des compositeurs virtuoses varient à l'infini, et l'on crée chaque jour des formules nouvelles. Mais, tout en faisant une large part à l'intelligence, au goût, à l'expérimentation réfléchie des maîtres et des élèves, et sans prétendre imposer une réglementation absolue du doigté qui précise pour chaque doigt son mode d'action définitif, on peut du moins poser des principes que personne ne contestera et qui serviront de règles générales.

Toutes les méthodes sérieuses du piano, tous les traités pratiques de mécanisme que nous recommandons aux professeurs, approfondissent avec beaucoup d'art et d'érudition la grave question du doigté, en posent les premiers principes et abordent aussi les doigtés exceptionnels. Nous renvoyons donc à ces ouvrages, plus particulièrement à ceux que nous ont donnés les maîtres de l'art moderne, Adam, Hummel, Czerny, Zimmermann, Herz, Kalkbrenner, H. Lemoine, Villoing, Bertini, Stamaty. Les principes sont maintenant déterminés; les lois générales qui en découlent peuvent se résumer en un petit nombre de préceptes et d'axiomes, véritable décalogue d'un bon doigté. Les lois se trouvent fixées; les dérogations qui peuvent se produire ne font que les confirmer.

Bien doigter, c'est savoir donner à chaque doigt de la main sa place normale la mieux déterminée, son action la plus directe, soit pour les exercices ou études de mécanisme, soit pour les phrases chantantes ou les traits de bravoure; enfin c'est choisir parmi les agents dociles de la main ceux que la réflexion désigne comme les instruments les plus agiles, les mieux disposés à traduire la note écrite, la pensée du compositeur.

A vrai dire, un bon doigté est l'orthographe correcte de l'exécution; on réussit ou l'on manque un trait suivant le doigté employé. Il est donc indispensable d'habituer de bonne heure les élèves à régulariser leur doigté, en combinant la meilleure disposition des doigts et leur succession la plus naturelle. On obtient ainsi le doigté qui se prête le mieux à l'accentuation voulue, qui s identifie le plus avec la contexture du trait.

Bon nombre de passages autorisent diverses combinaisons de doigts, mais on devra préférer toujours le doigté qui conservera à la main le plus de calme, de sûreté, de force, qui permettra d'attaquer franchement la touche et d'exécuter le trait avec clarté,

L'élève doit essayer d'abord les différents doigtés proposés, se livrer même à son inspiration personnelle s il le croit nécessaire, puis s'arrêter à la combinaison qui convient le mieux à sa main, petite ou grande, en lui assurant une plus grande certitude, que le trait soit rapide ou lent. Il n'oubliera jamais, en tous cas, qu'il faut commencer par l'étudier *très lentement* en articulant avec force, d'une façon presque exagérée, pour en posséder imperturbablement le mécanisme.

Mal doigter, c'est imposer aux doigts des positions gênantes qui les obligent à des mouvements multipliés, inutiles, fatigants. Si un bon doigté simplifie le jeu, lui donne de la légèreté, de l'aisance et de la grâce à travers les combinaisons les plus ardues, un mauvais doigté rend difficiles, disgracieux les mouvements les plus simples, qui deviennent irréguliers et sautillants.

Ainsi la possession du doigté, qui conduit tout naturellement à une bonne exécution, donnera aux doigts la meilleure position, leur assurera la plus grande liberté d'action, leur permettra de lier ou de détacher les sons, de faire chanter l'instrument, d'en tirer, en un mot, la sonorité la plus harmonieuse et la plus complète.

Tous les ouvrages traitant à fond du mécanisme contiennent non seulement le doigté des différentes variétés de gammes, à l'octave, à la tierce, à la sixte, en tierces plaquées, par mouvements contraires, majeures, mineures, chromatiques, mais aussi le doigté des accords parfaits et leurs renversements, celui des accords dissonants, des différentes espèces de septièmes à l'état fondamental et renversées, des accords de neuvième appartenant à tous les tons.

De ces doigtés dérivent ceux des accords arpégés développés et mesurés dans toute l'étendue du clavier, puis les doigtés des accords brisés, développés comme les arpèges. Toutes ces combinaisons d'accords, d'arpèges et de formules brisées, dans les divers tons majeurs et mineurs, ont des modèles de doigté. Nous n'avons pas à les formuler. Herz, Stamaty, Villoing, Duvois, Czerny, Dolmetsch, Delioux, Roubier, ont publié d'excellents répertoires de ces formules, les mêmes souvent, ne différant que rarement et sur des questions secondaires.

Tous les traits dérivés des gammes doivent autant que possible se raccorder au doigté tonal de la gamme; tous les traits en doubles notes participent du *doigté combiné* des exercices en doubles notes à mains posées et aussi de celui des gammes en tierces plaquées, en sixtes et en octaves.

Enfin le doigté des accords de différentes natures et du renversement des mêmes accords, sert de type de doigté pour les formules si nombreuses des arpèges tierces, sixtes et accords brisés.

Dans les passages dérivés des gammes ou dans les traits diatoniques appartenant à un ton bien déterminé, il faut d'abord s'assurer du ton et du doigté de la gamme, puis voir le point de départ du trait, la note extrême qui lui sert de limite, choisir les doigts qui font le mieux rentrer dans le doigté ordinaire de la gamme, enfin modifier le passage du pouce si le trait excède l'étendue de la gamme ou commande l'action de tel doigt plutôt que de tel autre.

Les doigtés des gammes, des accords et des arpèges sont autant de points de repère, précieux, mais insuffisants pour tout expliquer. C'est plus encore par la pratique, la réflexion, la lecture des nombreux ouvrages doigtés par Czerny, Hummel, Bertini, Herz, Moschelès, Kalkbrenner, Le Couppey, sans oublier ceux de notre École classique, que l'on obtiendra l'habitude d'un doigté raisonné, logique et serré. Nous recommandons aussi (et en cela nous répétons nos maîtres) de chercher le doigté réel et bon en faisant le trait en sens *inverse*, en choisissant la dernière note comme point de départ.

Ce mode de doigté à reculons met presque toujours la main dans la meilleure position voulue pour faire le trait avec certitude.

Dans les traits qui offrent des formules répétées sur différents degrés, des dessins symétriques ascendants ou descendants, on devra toujours, à moins d'une impossibilité absolue, avoir la même succession de doigts correspondant avec la même régularité à la contexture du trait. En doigtant de la sorte, on est certain d'obtenir, non seulement plus d'égalité et d'assurance dans l'exécution, mais aussi une accentuation plus ferme, plus colorée, plus homogène.

On est souvent forcé de modifier les règles du doigté des gammes ou des formules de même famille, lorsque ces traits n'atteignent pas ou excèdent l'étendue normale, régulière des gammes. Il faut alors, pour trouver le doigté réel du trait, placer à l'avance des jalons, savoir quel est naturellement le doigt qu'il convient de placer sur la note initiale et celui qui doit forcément arriver au point culminant du trait, enfin bien arrêter aussi la meilleure manière de rentrer dans le doigté normal de la gamme tonale.

En principe, sauf de rares exceptions commandées par la configuration des traits, le point de départ a lieu sur le pouce de la main droite, si le trait est ascendant et la première note attaquée sur une touche blanche.

Si la touche est noire et le trait diatonique, presque toujours le deuxième doigt est chargé d'attaquer le trait. Le doigt choisi comme point d'appui en redescendant sera de préférence le troisième et mieux le cinquième, si c'est une touche blanche; le deuxième, le troisième ou le quatrième, si la note la plus élevée est une touche noire.

On applique à la main gauche les mêmes règles de doigté, mais en sens inverse. Le cinquième doigt ou plus souvent le troisième servent de point de départ dans les traits ascendants qui ont pour initiale une touche blanche; le quatrième, le troisième ou le deuxième doigt, si le point de départ est une touche noire. La note la plus élevée du trait sera attaquée de préférence par le pouce, si cette note est une touche blanche, et par le deuxième ou le troisième doigt si le trait s'appuie sur une touche noire.

Il va de soi que si ces traits de gamme commencent sur la partie haute du clavier pour redescendre, on aura à la main gauche le pouce pour une touche blanche, et les deuxième ou troisième doigts, si la touche est noire. — Il faut toujours se hâter de rentrer dans le doigté normal de la gamme pour la plus grande sûreté du trait.

De la transposition.

L'étude de la transposition n'est ni une science ni un art, mais une habitude à prendre, une gymnastique réfléchie, un exercice mental auquel il est très utile de façonner de bonne heure les élèves.

L'étude de la transposition, comme celle de la lecture, doit être commencée dès que l'élève possède bien le sentiment des différentes tonalités, et reconnaît sans hésitation la nature et le nombre d'accidents que comporte chaque gamme.

Il faudra d'abord exercer les élèves à la transposition écrite, qui n'exige pas d'une façon absolue l'emploi des différentes clefs, puis les habituer par degrés à la parfaite possession des accidents inhérents aux tonalités nouvelles qu'indique la transposition. Ce premier travail fait pendant quelque temps et progressivement à des intervalles plus éloignés du *ton type*, le professeur de piano, et mieux encore le professeur de solfège, si l'on a eu la bonne pensée d'en choisir un qui soit véritable musicien, devra expliquer très clairement et très souvent à l'élève combien sont indispensables les clefs diverses, ainsi que leur rôle, leur fonctionnement dans l'échelle vocale et instrumentale.

Il importe beaucoup que l'élève soit bien persuadé de ce point : que sa facilité à transposer dépendra de la parfaite connaissance et de l'usage fréquent des clefs.

Il faut aussi soigneusement établir le rapport des clefs entre elles, leur diapason réel, leur place dans l'échelle vocale, et la *tolérance admise* pour leur emploi dans la transposition au piano.

Ces connaissances, qui font le bon musicien, deviennent chaque jour plus familières, même aux simples amateurs désireux d'acquérir une éducation sérieuse et solide en musique comme en littérature. Dans les sciences et dans les arts, le niveau de l'instruction et du savoir s'est fort élevé. Ne voyons-nous pas tous les jours, sans que l'on puisse crier à l'exception ni à l'excentricité, des centaines de jeunes filles, fort indépendantes par leur fortune et leur position sociale tenir à honneur de conquérir soit leur brevet d'institutrice à l'Hôtel de Ville, soit leur premier prix vocal ou instrumental au Conservatoire?

Résumons-nous : pour un pianiste qui lit couramment sur toutes les clefs, et possède bien les rapports exacts des différents intervalles entre eux, la transposition, même à première vue, n'offre que de minimes difficultés. Mais, si l'on veut obtenir cette confiance, cette quiétude, cette force que donne la certitude de ne pas se tromper, il faut, disons-le hautement, être lecteur intrépide, façonné longtemps à un genre de travail qui affirme par excellence l'éducation musicale la plus forte.

Nous ne terminerons pas ces indications sommaires sur l'utilité réelle et pratique de la transposition, sur l'intérêt immédiat et journalier, pour un musicien amateur ou artiste, de pouvoir transposer à vue une mélodie ou un air, sans ajouter encore que, pour les virtuoses dont le mécanisme est fait, le doigté basé sur des principes raisonnés, fermes, bien arrêtés, l'étude des difficultés transcendantes et des pièces fuguées transposées, donne au talent, à la virtuosité, au savoir musical une autorité et une puissance incomparables.

Voici, selon nous, la meilleure méthode à suivre pour transposer à vue, quelle que soit la distance proposée :

Il faut : 1° être bien fixé sur le ton et le mode du morceau que l'on veut transposer.

2° Savoir bien exactement la place et la qualité de la note initiale dans l'échelle diatonique; car, cette première note étant à la fois le point de départ et de comparaison de la nouvelle tonalité, il est obligatoire de ne pas avoir l'ombre d'un doute sur sa valeur mélodique ou harmonique.

3° Conserver, dans la transposition à vue, comme dans la composition écrite, des rapports *identiques*, des distances *exactes*, des intervalles tout à fait semblables au ton primitif.

Ces premiers points bien établis, il importe de se rendre compte des clefs superposées qui opèrent la transposition à vue, des clefs dont la lecture baisse ou hausse suivant la volonté du lecteur d'1, 2, 3, 4, 5, degrés le ton primitif.

Le mécanisme des clefs, leur lecture plus ou moins facile, ne sont qu'une question d'habitude, et l'on a bien tort d'en faire un épouvantail aux élèves. Il faudrait, dès le principe, leur prouver, par des exercices journaliers, qu'il n'est pas plus gênant de lire sur la clef d'*ut seconde* ou sur la clef de *fa troisième,* que sur la clef de *sol*, seconde ligne, ou la clef de *fa* quatrième ligne.

L'usage plus ou moins fréquent forme ce seul obstacle. Le point de repère étant donné et bien convenu, la difficulté réelle est d'habituer l'œil à s'orienter rapidement dans les lignes et interlignes de la portée, à mesurer avec précision l'intervalle qui sépare une note d'une autre placée sur un degré différent de l'échelle musicale. Il faut aussi que le sentiment de la tonalité et l'éducation de l'oreille soient tels que les accidents inhérents à la nouvelle gamme viennent d'eux-mêmes se placer sous les doigts, sans la moindre préoccupation.

La difficulté sérieuse, en ce qui concerne la transposition des pièces de piano où se rencontrent de fréquentes modulations à des tons éloignés, commence, pour le lecteur médiocrement habitué à ce jeu des modulations, à la *transformation* et au *changement de propriété* des accidents dans les tonalités nouvelles. Ainsi, par exemple, l'armure du ton primitif comportant des bémols, les bécarres accidentels peuvent, suivant l'armure du nouveau ton, se traduire dans la transposition, par des dièzes; au contraire, si le ton primitif exige un nombre déterminé de dièzes à la clef, et si la transposition a lieu dans un ton bémolisé, les bécarres accidentels, modifiant les notes diatoniques qui appartiennent à la gamme, sont exprimés dans la transposition par des bémols.

Ces mutations, ces transformations d'accidents auxquelles, en principe, on reconnaît une *action déterminée*, demandent chez le lectenr une assez grande habitude, un parfait sentiment de la tonalité, des modulations et du rapport exact des intervalles entre eux.

Ces indications sommaires, ajoutées aux explications du professeur, aidées surtout d'exercices spéciaux fréquents, devront faciliter graduellement à l'élève la transposition à vue, surtout si on appuie ce travail sur l'étude indispensable de l'harmonie, sans laquelle il n'est point possible d'arriver à être un bon musicien dans toute l'acception du mot.

Du travail et de la division des heures d'étude.

Si vous aimez la vie, ne prodiguez pas le temps,
car c'est l'étoffe dont la vie est faite. (FRANKLIN)

Un travail régulier, intelligent, une application soutenue aux heures d'étude, donneront toujours pour résultat de rapides progrès, si l'aptitude musicale de l'élève répond à sa bonne volonté. Tout travail intellectuel n'est réellement productif que s'il est fait avec réflexion ; *les progrès ne dépendent pas tant du nombre d'heures passées à l'étude que du soin consciencieux et de la volonté persévérante, raisonnée, qu'y apporte l'élève.*

On peut agir sans travailler, a dit Condillac : c'est tout à fait le cas des élèves de bonne volonté, mais irréfléchis qui répètent indéfiniment, sans but arrêté, certains passages difficiles recommandés à leurs doigts.

Pour que le travail soit utile et fécond en résultats, il faut que l'observation et l'analyse accompagnent tout effort sérieux fait en vue de vaincre une difficulté. Nous le répétons donc ; on ne saurait trop apporter de conscience et de soin aux études, même élémentaires, de mécanisme. Toutes répétitions fréquentes des mêmes formules doivent être faites d'une manière patiente, réfléchie, sans jamais distraire l'attention du but vers lequel on veut tendre. Ajoutons que *vite* et *bien* vont rarement ensemble dans un bon travail.

Nous recommandons aux professeurs d'indiquer aux élèves la manière de donner un intérêt varié de sonorité, d'accent et de rythme aux exercices journaliers et aux gammes ; non seulement c'est un moyen certain d'atténuer l'aridité de cet utile travail, mais de plus on apprend, par ces différentes attaques du clavier, à moduler le son.

Les exercices rythmiques fortifieront le sentiment de la mesure, et du moment où l'élève aura bien compris qu'il hâte ses progrès en s'assujettissant chaque jour à répéter un certain nombre de formules choisies, résumant les difficultés principales, telles que *notes répétées à mains posées, trilles, tierces, sixtes, arpèges, octaves, gammes simples* et *figurées*, etc., etc., le professeur peut être assuré du succès.

Une attention trop prolongée produit inévitablement la lassitude d'esprit, la fatigue, l'énervement; aussi croyons-nous utile de ne pas travailler plus de deux heures consécutives, mais en revenant souvent sur les mêmes difficultés, en s'y arrêtant assez longtemps pour les analyser sous toutes leurs faces, en s'animant d'une volonté opiniâtre pour les vaincre : bref, il faut apprendre à s'observer, à s'écouter et à comparer toutes choses. De la sorte, ce qui nous semblait de prime abord impossible, deviendra rapidement abordable, puis facile.

L'étude d'exercices journaliers et de formules spéciales brillantes ne dispense nullement du travail des gammes. En les étudiant lentement, puis plus vite, l'on acquiert l'égalité, l'agilité et un jeu lié. C'est aussi par l'étude des gammes que l'on apprend à moduler le son, en le graduant du piano au fort, et du fort au faible. Jouer *pianissimo* et d'une manière très distincte est encore un excellent travail, que l'on doit faire après l'étude du *martellement.*

Nous croyons indispensable de consacrer au moins une heure chaque jour au travail du mécanisme, une demi-heure à la lecture à première vue, puis une seconde demi-heure aux morceaux déjà sus, que l'on doit conserver sous les doigts et toujours perfectionner. C'est ainsi qu'on arrivera à se faire un répertoire de pièces, en les repassant successivement dans un ordre régulier, chaque semaine, et en ayant soin de les choisir parmi les œuvres les plus remarquables des maîtres célèbres de toutes les écoles.

S'il faut apporter un choix consciencieux à tout travail, on comprendra aisément que l'on ne saurait être trop exigeant, lorsqu'il s'agit de perfectionner et de graver dans la mémoire des pièces de choix déjà apprises.

On devra toujours étudier, d'abord lentement et souvent les mains séparées, observer avec exactitude toutes les indications et les signes marqués, répéter avec persévérance les traits difficiles dont on aura préalablement tracé le doigté; on devra en un mot apporter un soin extrême jusque dans les plus minutieux détails de mesure, de doigté, d'accents et de nuances. Le mouvement indiqué par le compositeur ne doit préoccuper l'élève qu'une fois arrivé au dernier degré de perfectionnement du morceau qui a été pour lui le sujet de longues études.

Quant au travail de lecture à première vue, nous résumons notre pensée, en conseillant aux élèves de commencer, avant de lire, par bien arrêter le mouvement, la mesure, la régularité des temps et leurs subdivisions, la tonalité et le caractère du morceau.

Il faut, — à moins d'une grande habitude, — déchiffrer toujours au-dessous du mouvement indiqué, en s'imposant le devoir de ne pas s'arrêter ni se reprendre. Il faut savoir se tromper en mesure, ne jamais répéter une note douteuse et fausse, l'éviter à la mesure suivante, et compter mentalement, si l'on n'a pas un métronome pour fixer impérieusement la mesure. On doit graduer la difficulté et le choix des morceaux de lecture suivant l'aptitude, la facilité des élèves et leurs études préalables de solfège (1). Les connaissances harmoniques, ou tout au moins le sentiment des tonalités et des modulations, sont d'un grand secours pour la lecture à première vue; déchiffrer lentement, sans s'arrêter, en observant exactement tous les signes écrits, c'est déjà faire preuve d'habileté; mais il faut pouvoir arriver à traduire, dans le mouvement et avec le sentiment des maîtres, les pièces dont la difficulté trop grande n'est pas un obstacle insurmontable à une interprétation spontanée.

---

(1) Cette étude préalable du solfège est absolument indispensable aux jeunes pianistes. — Ils pourront en tirer de plus grands résultats encore en combinant les exercices et leçons du petit solfège et des tableaux de lecture musicale d'Edouard Batiste, avec mes cent petites études de piano, à 2 et 4 mains, ayant pour titre et pour but : l'*Art de déchiffrer* appliqué au piano.

Les quatre heures réglementaires consacrées à l'étude du piano, doivent être divisées au moins en deux périodes. Pour les deux premières heures, nous conseillons aux professeurs de faire marcher de front les études spéciales de mécanisme et celles de style, en suivant toujours le degré de force correspondant aux progrès de l'élève, car nous regardons comme un mauvais moyen pour avancer d'entreprendre un travail trop au-dessus de ses forces.

Nous allons reproduire la nomenclature progressive des études de doigts et de style que nous recommandons le plus particulièrement. Toutefois, chaque année voyant s'accroître le nombre des bons ouvrages, malgré notre parti pris de connaître tout ce qui se publie, nous pourrons peut-être bien commettre quelque oubli involontaire; dans ce cas, nous nous empresserons de rectifier ou de compléter cette nomenclature à chaque occasion qui nous en sera offerte.

Les ouvrages de C. Czerny forment, à partir des premiers éléments jusqu'aux difficultés spéciales les plus transcendantes, l'école du mécanisme la plus complète que nous connaissions. Clémenti, dans son *Gradus ad Parnassum;* Cramer, Kalkbrenner, Hummel, Moschelès, Herz, par leurs recueils d'études, offrent un enseignement complet de la belle école du style moderne. Hændel, Bach et Scarlatti, dans leurs fugues et fantaisies, personnifient la grande école du XVIIe siècle, qui a servi de modèle aux maîtres qui ont suivi l'école du style lié.

Dans un autre ordre d'idées, Bertini, aussi bien que Czerny, a laissé pour le mécanisme et le style, des œuvres complètes embrassant tous les degrés de force et traitant magistralement du mécanisme et du style. MM. Lemoine et Schonenberger ont publié, l'un et l'autre, de Bertini, deux collections complètes d'études mélodiques et spéciales, embrassant tous les degrés de force, depuis les éléments jusqu'aux difficultés transcendantes. Ce sont deux beaux exemples de ce que peut la volonté créatrice d'un maître de génie.

A côté de Bertini, Ravina et Stamaty ont écrit de délicieux recueils d'études de salon, dans lesquels les formules de mécanisme s'unissent aux pensées mélodiques les plus élégantes. Camille Stamaty, par son *Rythme des doigts* et sa nouvelle collection d'*Études de chant et de mécanisme*, a conquis le premier rang dans cette double spécialité. Chopin, Kessler, Thalberg, Prudent, Goria, Lacombe, Dœhler, Godefroid, Lefébure, Rosenhain, Henselt, Hiller, Méreaux, Joseph Grégoir, etc., ont écrit un grand nombre d'études de concerts et de caprices, où le style et la virtuosité ont été portés au plus haut degré.

L'œuvre de Stephen Heller forme enfin un enseignement complet et qui tient une place hors ligne par la nature poétique des idées, les traits nouveaux, les combinaisons rythmiques, par la forme concertante, symphonique et dramatique, enfin par les qualités qui caractérisent son style.

Les deux dernières heures d'étude devant être consacrées aux morceaux classiques et modernes, nous recommandons le même soin minutieux pour le choix des morceaux correspondant bien exactement au degré de force de l'élève; de plus, il faut éviter de donner aux enfants, dont les mains ne sont pas assez développées et dont les doigts n'ont pas assez d'écart, les morceaux renfermant des passages fréquents d'extension. Si, à force d'adresse et d'étude, les enfants arrivent à exécuter ces sortes de traits, c'est le plus souvent en contractant forcément la main; l'exécution devient alors pénible, le jeu dur et la qualité de son mauvaise.

Nous faisons la même réserve pour les traits qui exigent une dépense trop soutenue de force, ou l'action trop prolongée du poignet. Presque toujours l'élève prend l'habitude de raidir le bras, et les efforts dépensés le sont le plus souvent pour un résultat défectueux.

Il importe donc de choisir les morceaux d'étude dans des conditions d'exécution parfaitement proportionnées au degré d'aptitude, d'habileté et de force de l'élève, et de préférence, pour les petites mains, des pièces spécialement écrites par des hommes expérimentés.

Un sentiment d'éclectisme bien entendu doit aussi guider dans le choix des morceaux, et cela sans distinction d'école, en ayant seulement en vue de choisir ce qui est réellement beau. Dès le début du travail, l'étude des maîtres anciens et contemporains devra être faite simultanément. Nous recommandons aux professeurs de guider le goût et le sentiment de leurs élèves, tout en laissant à chacun son individualité. Il faut combattre les tendances à l'exagération, que l'étude trop exclusive de certains maîtres pourrait produire, en alternant l'étude des pièces expressives avec celles qui exigent du rythme. Les indications consacrées par l'expérience des maîtres habiles ne sauraient être répétées trop souvent.

Nous terminerons, comme l'a fait Clémenti dans son *Exercice journalier des gammes*, par ces mots : *Laus Deo*, louange à Dieu ! Oui ! le travail est une prière agréable à Dieu ; mais nous ajouterons que si bien prier double la valeur de la prière, il en est de même du travail et que, si le temps est l'étoffe de la vie, on doit savoir utiliser sans prodigalité les heures consacrées à l'étude.

De la mémoire.

C'est au début même des études qu'il faut exercer la mémoire des élèves. On doit cultiver de bonne heure cette précieuse faculté, qui permet de retenir, de conserver, et de réveiller au moment voulu l'impression produite, la sensation perçue, l'idée exprimée, — en un mot de retrouver l'effet, quand la cause est bien loin.

En matière musicale, la mémoire des sons, le sentiment exact des durées, des temps de la mesure sont des indices certains de bonne organisation. Nous recommandons aux professeurs d'habituer peu à peu leurs élèves à retenir des phrases mélodiques, courtes d'abord, puis progressivement plus longues, en augmentant par degrés, l'étendue et la difficulté des pièces apprises de mémoire, — suivant l'aptitude et le plus ou moins de facilité des élèves.

La mémoire est un don naturel, dont rien ne pourrait suppléer la complète défaillance ; mais un exercice journalier l'affermit, l'étend, lui fait accomplir de sérieux progrès. Il existe certainement des mémoires rebelles que le travail le plus opiniâtre ne peut assouplir ni dompter ; mais, en principe, lorsque l'éducation de l'oreille a été entreprise au début des études musicales par le solfège, l'obligation de donner aux notes indiquées l'intonation voulue est déjà une initiation élémentaire à la mémoire. L'oreille se trouve obligée de percevoir, de retenir avec exactitude le son que la voix doit reproduire.

Il existe une sorte de mémoire des doigts pour les traits rapides ou difficiles longtemps étudiés; le doigté, le rythme, la contexture des traits donnent aux doigts une sorte de mouvement mécanique, automatique, où l'esprit de réflexion et la volonté de suivre la pensée musicale n'interviennent pas toujours. Quand le professeur aura à faire répéter le travail de mémoire, il devra prêter une attention particulière à l'exactitude rigoureuse des basses, exactitude assez rare chez les élèves, qui n'ont pas à un égal degré le sentiment mélodique et harmonique.

Nous avons eu maintes fois, dans notre longue carrière de professeur, l'occasion de constater ce phénomène : la mémoire a des cases variées et distinctes dans notre cerveau. Cet appareil merveilleux, qui photographie nos impressions, nos sensations, n'est pas le même chez tous les individus. La mémoire des mots, celle des chiffres, la mémoire des sons, la mémoire des faits, le souvenir d'un paysage, l'image précise des traits du visage, sont autant de mémoires à part, de facultés spéciales. Heureux et privilégiés ceux qui les possèdent toutes et au même degré !

Seulement, de même que l'on peut, par une gymnastique journalière, fortifier un organe faible ou en développer la puissance, toutes les facultés de l'esprit peuvent, par une culture raisonnée, intelligente, de tous les jours, acquérir une vitalité, une force d'action merveilleuses. Exerçons donc la mémoire de bonne heure.

Un musicien sans mémoire se verra obligé de lire sur le cahier la pièce étudiée qu'il exécute en public ; de là mille ennuis, mille petits accidents capables de mettre à néant sa virtuosité, d'annihiler son talent et le fruit de son travail au moment le plus intéressant, dans le passage le plus brillant, la phrase la plus pathétique. — S'il tourne mal sa page, si l'un des feuillets n'est pas à sa place ou vient à tomber, enfin si l'exécutant est forcé d'avoir recours à l'obligeance plus empressée qu'adroite d'un amateur trop peu musicien ou distrait, il faut renoncer au bien dire et à l'effet longtemps caressé.

Comment l'artiste dépourvu de mémoire peut-il s'abandonner de confiance à l'inspiration du moment? Préoccupé, jusqu'à la dernière mesure du morceau, des accidents prévus qui peuvent le troubler, il lui est impossible de concentrer toutes ses facultés, de se recueillir pour traduire avec âme la pensée du maître. Prenons pour exemple un orateur à la parole émue et puissante, adroit et ferme à la réplique, possédant bien son sujet et comparons-le un instant à celui qui lit ou pour mieux dire qui se traîne le long d'un discours, cherchant la page absente, reprenant la période interrompue, saccadant son débit et tronquant ses effets. Pour le virtuose de la parole comme pour le musicien, la mémoire est une qualité indispensable. Ajoutons-y l'esprit d'à-propos, le sang-froid, la parfaite possession de tous les moyens naturels,

Un virtuose peut n'être pas un improvisateur comme certains grands orateurs, mais il doit au moins, ainsi que l'acteur dramatique, savoir parfaitement son rôle, en posséder toutes les nuances, l'esprit et l'accent. Au théâtre, voit-on jamais un artiste réciter son rôle le cahier à la main? Pour éviter un contresens de ce genre, il faut, nous le répétons, s'y prendre dès le début des études musicales, et exercer sans retard la mémoire des élèves, amateurs ou artistes.

Du style.

La musique, comme la littérature, a ses éléments, sa syntaxe, sa rhétorique et ses différents styles. Dans l'art du compositeur, on désigne par style, l'ensemble des qualités et des procédés d'exécution que chaque maître apporte dans la manière d'exprimer et de conduire ses idées.

Le style n'est pas le génie, mais l'enveloppe brillante qui sert à le faire valoir. L'attribut du génie est le don de créer; le style est l'art de bien dire. Le génie donne la vie, le style donne la forme. Le caractère du génie est dans l'invention, celui du style dans l'habileté du travail. L'homme de génie a une façon de penser, de sentir, d'exprimer qui lui est propre. Le style consiste uniquement dans l'art de choisir avec goût ses idées, de les présenter avec clarté en observant les lois des relations, des justes proportions. L'élégance, le naturel, l'énergie, la puissance, etc., sont les qualités du style.

L'inspiration est spontanée, c'est le trait de feu que fait jaillir le génie; tandis que, pour acquérir la beauté de style, il faut une longue et lente culture. Le travail, la réflexion peuvent seuls développer ce genre de mérite. Le style est clair, imagé, brillant, si le compositeur possède une imagination expansive, une grande lucidité dans la manière de formuler ses pensées, enfin le savoir nécessaire pour les développer dans de sages et harmonieuses proportions. Tout au contraire, le style est terne, incolore, diffus, lourd, si l'écrivain musical manque d'invention, d'esprit, et de l'habileté de conduite nécessaire pour présenter convenablement ses idées.

Le caractère du compositeur, comme celui de l'écrivain, se communique à ses œuvres ; son expression en est imprégnée, c'est ce qui a fait dire à Buffon : « Le style, c'est l'homme. »

Un tour élégant, facile, certaines tournures habituelles de phrases, de cadences et d'accents, donnent un caractère particulier aux œuvres des maîtres qui ont l'habitude de les employer ; c'est comme le langage familier, le genre d'esprit qui leur est plus naturel ; c'est là ce qu'on appelle la manière, les procédés, le style d'un maître. Si le style est plus particulièrement du domaine de la création, on ne peut pourtant refuser cette belle qualité aux artistes qui, tout en interprétant fidèlement les œuvres des maîtres, savent leur imprimer leur propre individualité.

Quoique dans la musique instrumentale, l'expression sans le secours de la parole n'offre à l'esprit qu'une image vague, indéterminée, et que chacun, suivant son sentiment, son caractère ou la situation de son âme, puisse se créer une théorie d'expression différente, il ne faut jamais perdre de vue l'accent vocal ; car nous n'admettons nullement que les instrumentistes aient une manière de phraser particulière. Les lois de l'harmonie et de la mélodie ont certes des règles qu'il faut observer dans la diction musicale ; mais avant tout l'accent vocal est le guide que les virtuoses ne doivent jamais abandonner ; c'est le fil d'Ariane qui nous conduira sûrement dans le temple merveilleux de la mélodie.

L'étude de la musique, ainsi que celle des arts libéraux dont elle est sœur, peut se faire avec des méthodes et des procédés divers. Tout artiste célèbre, compositeur ou virtuose, ambitionne de fonder une école par le style de ses œuvres, par son exécution ou son enseignement. Le génie ne s'asservit pas et n'a pas besoin de guide ; pourtant tous les maîtres, même les plus célèbres, ont procédé par voie d'imitation avant de tracer des routes nouvelles. L'influence des premiers enseignements, les grands exemples des chefs d'école, dirigent toujours les premiers essais des maîtres qui créeront à leur tour des formules nouvelles. Charmer, émouvoir, intéresser, tel doit être le but du compositeur ou du virtuose interprète. Le charme du style dépend du tour naturel, facile, élégant, gracieux des mélodies, de l'originalité piquante, imprévue, heureuse des accompagnements, des harmonieuses proportions du discours musical, et surtout de la vérité d'expression, de caractère, d'accents donnés aux morceaux suivant leur genre.

Dans les passages mouvementés et d'un style passionné, dramatique, l'exécutant, tout en donnant à la phrase l'agitation et l'accent qui expriment bien l'action de l'âme, devra user avec beaucoup de ménagement des transitions subites de force et de douceur. L'emploi trop fréquent de ces sortes d'effet est tout aussi fatigant pour une oreille délicate, que le serait pour un amateur de peinture un mélange continuel de couleurs tranchantes. L'art consiste à bien observer la graduation d'accents, de sonorité et de mouvement, à varier les nuances à l'infini suivant les affections que l'on exprime.

Le talent est de savoir employer ces variétés d'accents à propos, et de faire dominer tour à tour l'expression qui caractérise le discours musical, sans toutefois perdre de vue le style d'ensemble de l'œuvre; car tous les détails doivent concourir à l'effet général pour conserver l'unité dans la variété.

La beauté du style dépend de la noblesse des pensées, de l'inspiration et de l'ordre donné aux idées. Le mérite de l'expression et du style d'exécution est de rendre avec vérité, sans exagération d'accents ni fadeur de sentiment, la pensée des maitres. Un style simple peut parfaitement s'allier avec une ornementation sobre, une allure noble et distinguée. Les andantes de Mozart, Haydn, Beethoven et de plusieurs autres maîtres, en donnent de beaux exemples.

Le style élégant, gracieux admet les fioritures, les traits fins, ingénieux, délicats qui brodent de capricieuses arabesques le canevas mélodique. Field, Hummel, Herz, Dœhler, ont excellé dans ce genre. Le style pathétique, brillant, imagé repose sur des effets de puissance, d'accents dramatiques passionnés, où la nature de l'expression est mouvementée, chaleureuse comme la circulation du sang. Beethoven, Weber, Chopin,

Mendelssohn, Moschelès, F. Hiller, Alkan, Heller ont, dans des données différentes, suivi cette belle voie.

L'accentuation et l'expression modernes ne sont nullement applicables au style naïf des pièces de Couperin, Rameau, Lambert, etc. Ce serait aussi une étrange anomalie et un anachronisme de prêter aux pièces fuguées et aux fantaisies de Bach, Hændel, Scarlatti et Durante, les intentions modernes. Chaque époque a une physionomie qu'il faut savoir conserver, sous peine de dénaturer complètement le style; il faut même, quant à certains ornements, inusités de nos jours, remonter à la source des méthodes du temps pour en avoir l'explication. Rameau, Couperin, dans leurs méthodes, donnent un grand nombre d'exemples de ces ornements, aujourd'hui surannés, qui se rencontraient à chaque mesure dans les pièces d'alors.

L'art du contrepoint et des combinaisons harmoniques, si haut porté par la famille Bach, étant l'expression la plus vraie du style fugué et d'imitation, on fera une étude toute spéciale du genre d'accentuation et d'expression compatible avec cette musique. La graduation de sonorité, l'accent rythmique, le sentiment du dialogue, doivent prédominer dans l'exécution de ces œuvres. Il faut de l'esprit pour rendre clairement dans tous les détails les combinaisons ingénieuses de rythmes variés qui se croisent, s'enchevêtrent, et doivent pourtant conserver une allure distincte. Mais il faut aussi une grande indépendance de doigts pour bien faire sentir les finesses harmoniques, qui demandent une exquise délicatesse du toucher.

Le grand art de l'exécution est de savoir traduire, dans le sentiment qui caractérise chaque maître, les tours variés, les finesses de pensée, d'expression dont se compose leur style, et cela sans affectation, simplement, avec ce naturel qui est la perfection de l'art.

L'intelligence, la volonté et le sentiment unis à un esprit méthodique, à une sage progression dans les études, donneront aux élèves cette qualité précieuse d'un style varié, souple, se modifiant suivant les maîtres, c'est-à-dire d'un style tour à tour naïf, gracieux, élégant, simple, noble ou pathétique.

De l'accentuation.

Le *legato,* le *staccato*, le *portamento*, et le *martellato.*

Nous aurons souvent occasion de le répéter : *le son n'est pas tout fait, au piano*, et peut se modifier de mille manières sous l'action intelligente des pianistes qui font une étude réfléchie de la sonorité.

Cette propriété de modifier le son, non pas seulement au point de vue de l'intensité, mais par des attaques et des inflexions différentes qui peuvent s'isoler ou se combiner, nous paraît être un des grands avantages du piano sur l'orgue, ce roi des instruments. Jusqu'à un certain point, au piano, on peut remplacer la variété des timbres par les différents modes d'attaques, et, quoi qu'on dise, nous avons la possibilité de moduler le son sous la pression des doigts.

Il y a quatre manières très différentes d'imprimer le mouvement au clavier : le jeu *lié*, *détaché*, *porté*, et *martelé*. Chacun de ces procédés doit être étudié séparément et peut devenir la source d'une variété infinie d'accents rythmiques. La configuration des traits, leur développement, le mouvement et le caractère des morceaux, le style différent des maîtres sont autant d'éléments variés qui se prêtent aux modifications d'accents.

N'oublions pas de mentionner que les qualités natives ont aussi une très grande influence sur l'accentuation. Plus tard nous formulerons notre pensée à cet égard : aujourd'hui bornons-nous à établir que les différents procédés d'attaque du clavier, abstraction faite des nuances de sonorité, remplacent l'action de l'archet sur les instruments à cordes. Le jeu merveilleux et si coloré de Francis Planté en est une preuve irrécusable.

Du jeu lié (legato).

Il ne suffit pas, pour jouer *legato*, de posséder une parfaite indépendance de doigts, une articulation souple et libre, une attaque moelleuse ou énergique, suivant la nature du trait, et de savoir ne jamais quitter la touche que l'on a sous le doigt avant d'avoir préparé l'attaque de la note qui suit immédiatement. Ce qui importe surtout pour obtenir le jeu *legato*, c'est d'éviter toute oscillation de la main et du poignet ; car, sans cette précaution indispensable, les doigts ont beau serrer le clavier de près et s'efforcer de relier les sons entre eux, le mouvement de la main et la secousse imprimée par le poignet réagissent sur les doigts, et l'on a, malgré soi, un effet de *martellement*, un jeu *sautillé* qui est l'opposé du *legato*.

Pour obvier à ce défaut, plusieurs maîtres célèbres ont imaginé des procédés mécaniques dont les plus usités sont : le *guide-mains* et le *dactylion*.

Le guide-mains de Kalkbrenner consiste dans une double barre horizontale placée au-dessus du clavier. Cette sorte de double règle s'étend d'un bout à l'autre de l'échelle du piano et maintient le poignet à une élévation déterminée. Les mains ainsi soutenues à une élévation arrêtée par le professeur peuvent parcourir le clavier ou rester en place, en laissant aux doigts toute leur liberté d'action, et sans réagir sur eux par un mouvement d'abaissement devenu impossible.

Le *dactylion* a surtout pour but de donner à tous les doigts une force égale en leur imposant une traction qui développe l'indépendance de chacun d'eux.

Ce système très ingénieux, dû à notre cher collègue et ami, Henri Herz, consiste dans l'action d'anneaux attachés à des ressorts et placés au-dessus du clavier. Les doigts entrés dans ces anneaux ont à vaincre une certaine force de résistance pour amener l'anneau à proximité de la touche. La note frappée et tenue pendant le temps déterminé par sa valeur, l'anneau et le doigt reprennent leur position perpendiculaire au-dessus du clavier, sous l'action du ressort, qui relève le doigt à la hauteur première.

Cet excellent procédé peut être combiné avec l'action du *guide-mains* ; mais, tout en les recommandant, nous persistons à penser qu'une volonté intelligente peut suppléer à l'emploi de ces moyens mécaniques. Les résultats obtenus par des soins soutenus, une volonté persistante sont préférables à une gymnastique ingénieuse destinée surtout à venir en aide à l'attention que l'on n'obtient pas toujours des élèves (1).

---

(1) Il s'est cependant produit en ces derniers temps un clavier déliateur, *muet*, qui se recommande d'autant plus à l'attention des professeurs et des élèves, qu'il est accompagné de petits exercices. Ce clavier déliateur, dont l'auteur est M. Joseph Gregoir réputé en France, en Belgique et en Allemagne par ses remarquables études de piano, consiste en un clavier de piano de vingt-cinq touches, à chacune desquelles est adapté un ressort qui donne, au moyen

Field, qui possédait, ainsi que Hummel, au suprême degré, le jeu lié, une délicatesse et une égalité merveilleuses, recommandait souvent à ses élèves de faire leurs exercices de doigts à main posée, en plaçant un poids léger ou une pièce de monnaie sur le dos de la main, avec recommandation expresse de l'y maintenir. Ce moyen, puéril en apparence, peut être utilement employé, car on peut ainsi fixer l'attention des élèves sur le résultat si difficile à obtenir : indépendance parfaite des doigts, sans mouvement inutile de la main.

Indépendamment de ces indications signalées par les professeurs qui ne négligent aucun des moyens ayant rapport à la perfection du mécanisme, nous recommandons tout particulièrement aux élèves chez lesquels l'éducation de l'oreille est déjà un peu formée de s'attacher constamment à la gradation du *son* dans toute espèce de successions mélodiques ou harmoniques, voire dans les formules purement rythmiques. C'est, à notre avis, le moyen le plus certain d'acquérir ce jeu lié et chantant, qui est la pierre de touche et aussi l'écueil d'un grand nombre de pianistes.

L'art de conduire le *son* d'une note à une autre, en donnant une sonorité moindre aux notes qui n'ont

---

d'un mécanisme des plus simples, divers degrés de résistance. Ce procédé permet d'augmenter graduellement la force de résistance de *chaque touche séparément,* sur toute l'étendue du clavier, de manière à faire faire à chaque *doigt faible* les exercices à un degré de pression plus élevé que pour les autres doigts. Ce travail isolé et relatif de chaque doigt, *surtout du quatrième,* arrive forcément à donner à chacun d'eux la même force, la même souplesse, et conséquemment la même indépendance.

qu'un intérêt d'accompagnement ou de remplissage, est un des principes fondamentaux du jeu lié.

Cette dégradation presque insensible de la sonorité, tout comme un crescendo bien conduit, habilement ménagé, et passant successivement par les nuances intermédiaires du doux au fort ou du fort au faible, est une des difficultés les plus grandes du piano; l'on ne saurait l'étudier de trop bonne heure; car il faut pouvoir arriver à exécuter tout naturellement, sans y penser, ces sortes de vocalises de doigts, tout à fait impossibles pour qui n'a pas fait une étude spéciale de la sonorité, et ne s'est pas habitué, dès les premières leçons, à moduler le son.

Il ne suffit donc pas de consacrer plusieurs heures chaque jour à faire des gammes ou des exercices de doigts; ce qu'il importe, c'est d'étudier la sonorité dans toutes ses nuances, et surtout l'art de relier les sons entre eux, en les *harmonisant*, c'est-à-dire en les groupant par accords dans les passages qui permettent de soutenir les sons les uns sous les autres.

Nous n'avons pas à donner ici la liste des exercices spéciaux propres à développer l'indépendance des doigts et leur agilité. Nous avons déjà indiqué, dans le paragraphe traitant de l'*utilité* des exercices, les ouvrages que nous recommandons de préférence, comme résumant les meilleures dispositions pour atteindre ce résultat; il n'est pas, nous le savons bien, suffisant pour bien jouer du piano; mais nous le maintenons comme une gymnastique tout aussi nécessaire que la *pôse de la voix* et les *sons filés*, pratiqués chaque jour par les vrais chanteurs.

Mes sept exercices modulés, les *exercices de gammes* de Clementi, Zimmermann et John Field me semblent devoir compléter chaque matin les exercices journaliers. Les études de Cramer, premier, deuxième, troisième et quatrième livre; les études de Hummel, dédiées aux artistes; les vingt-quatre études de Moschelès, les études de Kalkbrenner, celles de Boely, et peut-être les miennes, op. 25, me paraissent appartenir au style lié, et devoir aider à acquérir cette précieuse qualité du jeu *legato*.

Les études de Czerny : « Du *legato* et du *staccato* » et celles qui ont pour titre : *l'Art de délier les doigts*, me paraissent également conçues dans les *données particulières* que j'indique. L'École de la main gauche du même maître et les études du *trille* et de la *main gauche* de Bertini, sont aussi des ouvrages excellents et d'un mérite tout spécial.

Il est bien entendu que nous ne parlons que des études propres à développer l'exécution *legato*. L'école de H. Herz, celles de Bertini, de Ravina, de Stéphen Heller, de Camille Stamaty, de J. Rosenhain, offrent certainement d'excellentes et nombreuses études dans le style lié; mais nous signalons ici les maîtres qui ont plus particulièrement traité ce côté tout spécial de l'exécution.

Le *Gradus ad Parnassum* de Clementi, les fugues de Hændel et de J.-S. Bach sont l'expression la plus élevée du style lié.

Un musicien, capable de *bien jouer* le *Gradus ad Parnassum* et le Clavecin bien tempéré de J.-S. Bach, possède un mérite réel; il doit avoir certainement toutes les qualités estimées des artistes, et, si son exécution n'offre pas le *brio* et cet éclat souvent trompeur qui plaît à la multitude, qu'il en prenne son parti; en cela, comme dans presque toutes les questions d'art, il faut savoir préférer l'appréciation et les éloges des artistes aux applaudissements et à l'engouement de la foule.

Nous estimons le *jeu lié* l'une des principales qualités d'une bonne exécution, et nous ne craignons pas d'affirmer que les études bien dirigées doivent reposer sur ce principe fondamental, tout aussi bien que les études transcendantes ont plus particulièrement pour but l'expression et le côté idéal de l'exécution.

Mais, ces principes posés, il va sans dire que le jeu *legato* n'exclut nullement la variété d'accentuation, et que le *staccato*, le *portamento*, le jeu *lourd* ou *martelé* trouvent également leur application, suivant les effets à rendre. C'est, du reste, ce que Félix Godefroid, le virtuose-compositeur, a si habilement développé au double point de vue pratique et théorique, dans son premier livre de *l'École chantante du piano*, précieuse méthode de chant appliquée au piano, dont la publication a comblé une véritable lacune dans l'enseignement.

Dans la musique de piano à *plusieurs parties réelles*, certains passages à *notes tenues* semblent plutôt écrits pour l'orgue, dont la sonorité se prolonge à volonté, que pour le piano, dont les vibrations limitées s'éteignent par degrés. Cette notation graphiquement rigoureuse est faite en vue d'une bonne orthographe musicale, pour l'*œil* intelligent et scrutateur qui veut que chaque note soit exactement représentée suivant sa valeur réelle.

Cette explication donnée et cette réserve faite, nous posons en principe qu'il faut attaquer avec plus de force, accentuer d'une manière plus incisive les notes dont le son doit se prolonger plus longuement, en raison de la durée indiquée, et de l'importance mélodique ou harmonique des valeurs exprimées dans le discours musical.

Le *staccato* s'obtient par une attaque souple et libre du clavier, faite par le poignet ou les doigts, quelquefois même par cette double impulsion simultanée. Dans les passages de légèreté et d'un mouvement rapide, l'attaque du clavier doit être vive et l'impulsion donnée au poignet par l'avant-bras transmise avec assez de prestesse pour se prêter aux successions de sons les plus rapides.

Si le mouvement est modéré, et si le passage n'exige pas de fermeté, l'impulsion est naturellement plus lente, mais l'action souple et légère du poignet reste toujours la même. L'avant-bras ajoute au mouvement du poignet une impulsion rapide et forte, qu'il dispense à l'occasion suivant la nature du trait. Dans certains passages excessivement légers, délicats, et en notes simples, le *staccato* se fait du bout des doigts, presque sans mouvement du poignet.

Outre les études spéciales du *staccato* de Czerny, ce

grand maître du mécanisme, nous signalons l'*Étude en octaves* de Kessler, celle de Lacombe, de V. Alkan, l'*Etude-valse* de Leféburc, le *Momento di capriccio* de Weber, op. 12; une des pièces caractéristiques de l'op. 7 de Mendelssohn, le 3e prélude des fugues de ce maître, une tarentelle de Dœhler, *la Chasse* d'Heller, une délicieuse *toccata* de Th. Thurner, etc., etc.

L'étude de ces pièces caractéristiques, d'une difficulté déjà grande, ne peut être faite avec fruit que par des élèves avancés. Ce qu'il faut, avant tout, pour assouplir le poignet et acquérir l'indépendance et l'élasticité nécessaires à l'exécution des traits *staccato*, ce sont des exercices *rythmiques*, par deux, trois, quatre, six, huit, etc., etc., au temps déterminé par le métronome et progressivement plus rapide.

Les notes répétées en tierces, sixtes et octaves, les gammes diatoniques et chromatiques en octaves; les arpèges en octaves des accords consonants et dissonants, dans toute l'étendue du clavier, sont surtout les études préalables à faire pour obtenir cette souplesse du poignet, cette indépendance de la main isolée de l'action du bras, qui sont la base du *staccato* en particulier, et du mécanisme en général.

Nous renvoyons, à cet égard, au consciencieux ouvrage du *Rythme des doigts* de Stamaty.

Le portamento.

Le jeu *portamento* s'obtient en ajoutant à la pression des doigts, ou à l'attaque du poignet, l'action de l'avant-bras qui appuie plus profondément sur les touches.

Cette manière d'attaquer le clavier, qui permet quelquefois une légère altération de mesure, est très fréquemment employée dans la musique moderne. Il ne faut pourtant pas en abuser, mais la réserver pour les passages d'une expression très accusée et d'un accent pathétique.

Si nous cherchons dans la langue parlée ou écrite une comparaison avec ce procédé du phrasé musical, nous trouvons que les sons portés correspondent assez exactement à l'habitude qu'ont certaines personnes de souligner les passages importants du discours, et d'appuyer plus fortement sur les mots expressifs et les pensées qui doivent porter.

Le martellato.

Le jeu martelé s'obtient en donnant à chaque note, qu'elle soit simple ou double, une attaque vive et fortement accentuée. Dans toutes les successions en doubles notes qui n'embrassent pas l'étendue de l'octave, on peut se dispenser d'ajouter l'action du poignet et de l'avant-bras à l'attaque énergique des doigts. Mais le jeu martelé s'emploie surtout dans les passages en octaves qui demandent du brillant et de l'éclat.

On en trouve nombre d'exemples dans les fins de phrases ou points d'orgues mesurés des fantaisies modernes. Comme l'indique parfaitement le mot français *martelé*, ou le terme italien *martellato*, les doigts ou le poignet doivent, dans ces sortes de passages, être lancés avec vivacité sur le clavier, de manière à communiquer aux marteaux qui font résonner les cordes, une attaque énergique et vibrante. Aussi ce mode d'articulation s'emploie-t-il, le plus souvent, dans les traits d'un caractère énergique et d'une sonorité éclatante.

On en trouve encore de nombreux exemples dans les études de concert et de bravoure.

Citons parmi les meilleures (et sans doute nous en oublierons encore) : les dix-huit grandes études de Herz, les douze de Rosenhain, celles d'Alkan, de Lacombe; les études caractéristiques de Moschelès, de Hiller et de Heller; les études artistiques de Bertini, les études de concert de Thalberg, Dœhler, Prudent, Schuloff, Goria; celles de Ravina, Lefébure, Mathias, Taubert, Henselt, Kessler, mes vingt-quatre études de style et de bravoure, les poétiques recueils de Chopin, enfin les grandes et belles études de Méreaux, qui sont à notre avis l'ouvrage le plus important de l'école moderne au point de vue du style, du mécanisme et de l'originalité des doigtés.

Aussi ces études ne peuvent-elles être fructueusement travaillées que par des élèves ayant un talent formé par les études méthodiques des maîtres déjà cités.

De l'accentuation considérée dans ses rapports avec la sonorité, la mesure et le rythme.

I

L'*accentuation*, qu'il ne faut pas confondre avec l'*expression*, appartient au domaine de l'enseignement.

On apprend à *lire aux enfants* avec *l'inflexion vocale* qui convient aux mots, aux phrases, et même à la situation. Ces nuances de diction sont, à notre avis, l'accentuation élémentaire du langage parlé. Ceci est tout à fait, nous le répétons, du domaine de l'enseignement. Mais, en musique surtout, on n'apprend pas à dire avec *expression*; ce germe précieux est en nous, et c'est presque instinctivement que nous traduisons notre sentiment, nos impressions. Le talent du maître consiste alors à guider, à contenir, ou à développer ce tact inné, ce don naturel.

Si les élèves exagèrent parfois l'*expression*, plus souvent encore, par l'appréhension de paraître maniérés, affectés, *ridicules* même, ils craignent ou négligent d'exprimer tout naturellement ce qu'ils ressentent.

C'est avec un soin tout délicat qu'on doit faire éclore, conserver et cultiver ce sentiment vrai, juste, chaste, contenu, qui donne au talent tant de charme, et ce cachet de distinction, de sensibilité qui est déjà la poésie de l'interprétation.

L'expression *indiquée* ou imposée par le professeur, alors qu'elle ne correspond pas exactement à notre propre sentiment, offre dans l'imitation quelque chose de faux et de guindé qui ne trompe jamais un auditeur de goût.

Aussi le professeur doit-il bien se garder de substituer son propre sentiment à celui d'un élève intelligent et bien organisé; car c'est une faute des plus graves que de détruire l'individualité, même chez un élève peu avancé.

D'après ce qui précède, l'*expression,* cette partie poétique, éthérée de l'exécution, échappant, dans ses nuances intimes, à l'analyse de l'enseignement, posons en principe que quatre sources différentes et très-distinctes servent de point de départ aux variétés sans nombre de l'*accentuation* musicale : l'*articulation*, la *sonorité,* la *mesure*, le *rythme.*

Dans un précédent chapitre, nous avons indiqué les principaux effets de l'*articulation.* Nous avons donc aujourd'hui à nous occuper plus particulièrement des accents de *sonorité*, de *mesure* et de *rythme.*

La musique étant la langue des sons et celle du sentiment par excellence, il est tout naturel que l'accentuation soit un de ses éléments constitutifs.

Nulle autre langue parlée, quelque mélodieuse qu'elle soit, n'offre cette richesse infinie de nuances, cette variété d'expression qui permet au discours musical de parcourir toute la gamme du sentiment, soit au moyen des accents, de la modulation des sons, soit par les nuances expressives.

La modulation du son musical, qui s'élève ou s'abaisse dans l'échelle, ou se plie aux effets si variés des timbres, de l'intensité, de l'articulation, du sentiment intime de l'artiste, doit toujours, autant que possible, avoir pour but d'exprimer une pensée, un sentiment, une sensation. Il va sans dire que nous exceptons de cette admirable propriété les exercices purement mécaniques ou pratiqués au point de vue de la sonorité sans aucune intention mélodique.

La gamme des tons que la voix humaine parcourt dans le discours est infiniment plus restreinte que l'échelle des sons musicaux. Cette étendue et les éléments naturels si variés que nous n'avons fait qu'indiquer, font de la musique une langue merveilleuse et divine.

Ainsi que nous l'avons dit plus haut, ayant déjà esquissé les principaux effets que l'on peut tirer de l'*articulation*, il nous faut maintenant essayer d'analyser l'*accent* au point de vue de la sonorité.

Dans le discours musical, c'est le son ou du moins les sons entre eux qui remplacent la pensée. Le son est donc le premier élément constitutif qui s'offre au musicien pour s'exprimer; c'est par le son modulé et bien dirigé, que le compositeur traduit les sensations, les sentiments, dans cette langue inspirée qui est l'âme, l'esprit, le cœur de l'artiste.

Il est tout naturel d'admettre que, la musique étant de tous les arts celui où la sensibilité native se trouve le plus surexcitée, c'est aussi par la musique, que l'individualité de l'artiste s'épanche avec le plus d'abandon. N'est-ce même pas la manifestation la plus vraie de la vie intérieure?

La parole *devient musicale* et prend des nuances particulières d'inflexion, d'articulation, suivant les sentiments à exprimer; ce seul emprunt à la musique prouve déjà toute sa puissance. Mais l'accent qui est l'âme du discours, qui lui donne la couleur et la vie, n'est-il pas aussi un emprunt à l'art musical ? Le cœur se réfléchit dans la voix : c'est lui qui en règle le ton, les inflexions.

Cette charmante pensée de Mme de Stael nous semble bien plus juste encore quand il est question d'art musical.

Les modulations du son, de l'aigu au grave, du fort au faible, sont indiquées par des signes connus de tous, et traduisent d'une manière plus ou moins exacte l'intention précise de l'auteur, le mode d'exécution qu'il avait en vue pour tel ou tel passage.

Posons d'abord en principe, puisque nous avons à nous occuper des accents qui modifient le son et des signes qui les représentent, que, dans la notation musicale, le signe qui exprime l'inflexion de sonorité reste le même dans les passages de douceur ou de force, de demi-sonorité ou de puissance extrême. C'est sans doute à tort, mais c'est un fait consacré par l'usage et passé en habitude.

Dans notre enseignement, comme dans celui de nos collègues qui se préoccuppent plus de l'esprit et du caractère que de la *lettre seche*, la traduction des signes prend des teintes différentes de sonorité, suivant l'expression, le sentiment et le degré de force de la phrase musicale.

Des accents de sonorité.

Les accents de force se placent presque toujours sur les temps forts, mais peuvent aussi être employés avec bonheur sur la partie faible des temps. Cela dépend de l'effet à produire, de l'esprit d'originalité du compositeur, de la structure de la phrase, du caractère et de la nature de l'idée.

Nous recommandons aux élèves de ne point oublier que les accents varient d'intensité, quoique les signes indicateurs restent les mêmes, suivant le sentiment, l'esprit, le mouvement des morceaux.

Un *rf* ou *sf* ou ∧ >, dans une phrase douce, expressive, aura certes une tout autre inflexion que placé dans un passage énergique. Il en est de même de tous les signes modificateurs du ***son***, à moins qu'il n'y ait un effet déterminé, un contraste indiqué d'une manière précise, soit par la modulation, soit par le changement d'allure de la mélodie.

Le degré de force des accents doit donc toujours être proportionné et en harmonie parfaite avec la couleur expressive, le sentiment et le caractère prédominant de la phrase qu'ils accidentent.

Nous n'avons pas à indiquer ici la nomenclature des signes employés, toutes les méthodes élémentaires les faisant connaître; pourtant, nous dirons qu'en général, les nuances tranchées de sonorité *pp*, *mf*, *ff*, *fff*, s'emploient pour des phrases ou longues périodes, *les accents rf*, *sfz*, *fp*, $\wedge$ $>$ pour des notes isolées, et cela sans altérer d'une manière sensible la couleur d'ensemble de la phrase, en vue de faire valoir un contour, de donner plus de saillie à une note, à un mot musical.

Si nous cherchons un terme de comparaison entre les sonorités de la musique et certains effets de lumière et d'ombre de la peinture, nous dirons que, abstraction faite du sentiment et de l'expression, le *ff* correspond à un *ton lumineux*, le mezzo-forte *(mf)* à une *demi-teinte*, et le *pp* à *l'ombre*.

Il est souvent dans les habitudes de langage du professeur, de dire à un élève : Mettez ce passage plus en lumière, pour indiquer une sonorité plus éclatante, une articulation plus ferme et plus précise, ou bien : Jouez cette phrase en *demi-teinte*, ce qui équivaut à dire : Jouez à mi-voix, en donnant aux accents eux-mêmes une demi-sonorité.

Laisser dans l'ombre une pensée accessoire, c'est jouer *piano*, en indiquant à peine, sans accent prononcé, cette période musicale.

Ce langage coloré rend souvent plus sensibles à l'élève les recommandations faites en d'autres termes. Mais, à côté de ces couleurs tranchées, surgissent mille nuances intermédiaires.

La musique, comme la peinture et la poésie, ne procède pas seulement par des contrastes et des oppositions violentes.

L'élévation et l'abaissement du son, ses ondulations, sa gradation depuis le *pp* jusqu'au *ff*, ses accents si variés d'intensité, d'expression, qui surgissent pour appeler accidentellement l'attention sur une note, sur un accord, un membre de phrase, un simple trait, offrent bien des points de comparaison avec le discours parlé, mais nous croyons inutile de rechercher davantage tous ces termes de comparaison; nous esquissons seulement cette pensée, et nous dirons pour finir que le *fiat lux* d'un symphoniste — que ce soit Haydn ou Félicien David — se produira toujours sur l'expression d'un *fortissimo*, au point culminant d'un *crescendo*. Les ténèbres se dissipent peu à peu et *la lumière se fait.*

Il y a certains effets grandioses de musique imitative; pourtant la puissance de la musiqne n'est pas dans l'*art de décrire*, mais bien dans le don *d'émouvoir*.

L'école allemande moderne fait, ce nous semble, fausse route, en voulant donner à un art tout de sentiment et dont les effets sur nos sens sont vagues, indéterminés, des propriétés que les musiciens sans parti pris lui refusent avec raison.

Accents rythmiques.

II

Nous donnons le nom d'*accents rythmiques* aux inflexions de sonorité qui accompagnent toujours la note initiale des dessins mélodiques ou certains traits, dont la configuration offre de fréquentes répétitions des mêmes formules.

Les pièces d'une allure vive et *très déterminée* comme les *tarentelles*, *saltarelles*, *boléros*, *mazurkas*, *scherzi*, présentent de nombreux exemples de ces sortes d'accents.

Mais ce principe général trouve aussi bien souvent son application dans certaines compositions d'un tout autre caractère, *phrases expressives*, *études*, etc.; nous ferons seulement remarquer que ces inflexions de sonorité doivent être *finement indiquées*, tracées avec délicatesse, et varier d'intensité, suivant la progression de la phrase entière; c'est une nuance qui s'ajoute à la couleur déterminée et dominante de la période musicale.

La fantaisie, le caprice, l'imagination et le génie des maîtres transformant à l'infini le contour des phrases, les arabesques des traits, on aurait tort de vouloir poser des règles absolues et fixes d'accentuation ; indiquons seulement ce principe qui laisse tout le champ libre aux exceptions : qu'il doit y avoir dans le son musical comme dans la parole une progression ascendante ou descendante lorsque, *un rythme étant donné*, il se meut d'une manière régulière, périodique. Rien de monotone et de fatigant comme la répétition fréquente de formules rythmiques ou mélodiques sans inflexion de sonorité Que le signe soit marqué ou non, le son doit suivre la marche ascendante ou descendante indiquée par la figure des traits, et cela sans oublier les accents secondaires ou saillants commandés par le dessin musical, les proportions rythmiques, les *modulations*, *cadences* mélodiques et harmoniques.

Nous désignons sous le nom d'*accents de mesure* l'inflexion donnée aux notes placées sur les temps forts ou la partie forte des temps, abstraction faite de leur valeur et de leur importance mélodique.

La main gauche, quoiqu'elle ait souvent une allure indépendante, est plus particulièrement chargée d'indiquer les accents de mesure, ou tout au moins de les soutenir par l'attaque un peu plus prononcée des basses fondamentales ou chantantes ; mais cette règle ne peut être posée en maxime absolue, — bien des exceptions d'un charmant effet faisant opposition au principe.

Nous n'avons pas à indiquer ici les différentes variétés de mesure, l'étude du solfège et les principes élémentaires de la théorie musicale apprenant aux élèves, dès leur début, quels sont les temps réputés forts ou faibles; bornons-nous donc à dire qu'un principe absolu de diction musicale veut que les notes placées sur les temps forts soient plus légèrement accusées. Ceci s'applique tout aussi bien aux formules mélodiques qu'aux traits brillants ou légers, de quelque nature qu'ils soient.

Cette accentuation se trouve complètement déplacée et changée dans les passages syncopés. C'est encore au solfège que nous renvoyons pour la définition du mot *syncope*. Nous nous bornerons à dire que dans ces sortes de passages, le son, attaqué sur le temps faible et prolongé sur le temps fort, acquiert la valeur d'accentuation réservée en principe aux temps forts; le temps faible devient fort, et, par contre, le temps fort devient faible.

Indépendamment des accents de mesure, des accents rythmiques et des accents qui tiennent au caractère de la mélodie, à son contour, à la configuration des traits, à leur rythme, à la nature des accompagnements, la mélodie a des accents grammaticaux qui lui sont propres. Ainsi, les appoggiatures simples et doubles, inférieures et supérieures, les brisés, les ports de voix, les altérations qui ont un caractère expressif et qui modulent, portent tout naturellement des accents dont l'intensité et la durée varient suivant le caractère de douceur ou de force de la phrase musicale.

Les cadences, ou repos mélodiques et harmoniques, portent aussi des accents sur l'avant-dernière note, celle qui précède le repos. L'accent varie suivant la nature de la cadence, momentanée ou finale. Les accords dissonants et qui modulent portent aussi des accents de force. Dans les phrases expressives on atténue souvent l'effet dissonant par un arpège, ou en esquivant avec adresse ce que la dissonance peut avoir de dur.

Il y a dans le style des qualités d'accentuation qui tiennent à la vérité d'expression : c'est là le sentiment individuel et natif qu'il faut savoir respecter.

Mais il s'en trouve aussi un grand nombre qui dépendent de la correction grammaticale. Ce sont ceux-là que nous avons eu la prétention de mieux préciser, en indiquant l'emploi raisonné que l'on doit en faire, la place qu'ils occupent, l'influence qu'ils peuvent avoir, le rôle actif et matériel qu'ils sont appelés à jouer dans le discours musical.

Résumons-nous :

Nous ne craignons pas d'affirmer que les principes généraux, rationnels, d'une bonne accentuation grammaticale sont du domaine de l'enseignement.

Quant aux accents expressifs et pathétiques, ils échappent en partie à l'analyse rigoureuse, à la précision des règles. Les nuances si variées du sentiment, les élans passionnés de l'inspiration se traduisent de mille façons différentes, suivant l'organisation, la sensibilité et l'instruction musicale de l'exécutant.

Ces différentes manières d'exprimer et d'interpréter la même pensée constituent seules, dans l'exécution, l'individualité et l'originalité de l'artiste.

Mais il y a dans l'exécution vocale ou instrumentale des accents *précis, invariables,* que l'on peut parfaitement désigner sous le nom d'accents orthographiques de la langue musicale.

Une accentuation exacte, juste, conforme aux lois du goût et de la méthode, dénote une qualité plus rare qu'on ne pense, et, si nous avons un peu longuement insisté sur un sujet souvent débattu et d'une utilité contestée par des musiciens dont nous respectons la conviction, sans toutefois nous ranger à leur avis, c'est parce que nous croyons du plus grand intérêt pour les progrès des élèves, de guider leur goût en les habituant dès les premiers pas à colorer sagement leur exécution au moyen d'une accentuation précise, juste et variée dans ses effets. Sous ce rapport, ils trouveront un guide éclairé en M. Mathis Lussy qui a traité, en esprit pratique et analytique, des accents, nuances et mouvements, dans son traité de l'*Expression musicale.* Ce livre, qui n'a pas la prétention de réglementer d'une manière absolue les accents, les nuances et les mouvements dans la musique vocale et instrumentale, en définit cependant l'usage, jusqu'à un certain point, par un travail comparatif puisé à des sources multiples.

Classification des Signes et des Termes qui modifient le Son.

Les signes indicateurs des accents qui modifient le *son*, augmentent ou diminuent la sonorité, n'ont pas une signification absolue et toujours la même. Leur interprétation varie suivant le caractère et le mouvement du morceau et, surtout, selon l'expression particulière de chaque phrase. Les *sfz.*, *rf*, *cresc.*, *dimin.*, etc., placés dans les périodes musicales *douces, expressives*, ou dites *mezzo forte*, n'ont pas cette vivacité d'accent qui convient aux passages d'un sentiment plus accusé. Les signes modificateurs du *son* restent les mêmes, mais la manière de les exprimer varie suivant le caractère doux ou énergique, tranquille ou passionné de la pièce qu'on exécute; en un mot, les nuances d'accentuation doivent toujours, à moins d'effets de contraste parfaitement indiqués, suivre la gradation de sonorité et s'inspirer du sentiment des phrases qu'elles sont destinées à colorer.

Les termes employés pour indiquer les différentes modifications du *son* peuvent être classés en trois catégories distinctes, que nous allons sommairement indiquer.

Nous placerons dans la première série les signes modifiant *l'intensité du son*, du *pianissimo* au *fortissimo*, e aussi les signes indiquant une modification accidentelle de la sonorité. Il nous semble inutile de donner ici la nomenclature de ces signes usuels que tous les musiciens connaissent. Disons pourtant, en passant, que les *rf.*, *sf.*, *rinforzando*, *sforzando*, s'appliquent plus particulièrement à des notes isolées ou à des fragments de traits. Ces signes sont, à notre avis, une *inflexion* dans la nuance générale, mais ne la font pas oublier.

Nous placerons dans une autre série les termes et les signes qui ne modifient pas seulement l'intensité du *son*, mais qui indiquent en même temps une qualité de *son* toute particulière. Ainsi, il ne suffit pas de jouer *piano* pour exécuter avec douceur *(dolce)*; *P* n'indique pas en même temps *delicato* (avec délicatesse). C'est une nuance de sonorité que le tact et une grande finesse d'ouïe peuvent seuls apprécier et traduire, *F* et *pesante* sont deux indications parfaitement distinctes qui peuvent se fondre, mais demandent chacune une étude particulière.

Nous classerons encore dans un ordre à part les termes qui ajoutent un caractère plus déterminé soit au mouvement, soit à la sonorité exprimée. Exemple : *Allegro con fuoco*, *allegro giocoso*. Ces termes sont, pour nous, non seulement l'expression déterminée d'un mouvement, mais nous indiquent aussi une sonorité plus brillante, une allure joyeuse, qui se traduit le plus souvent par un rythme plus accusé, une manière de phraser et d'accentuer plus vive.

La diction musicale offre une grande similitude avec le débit oratoire. Les termes de comparaison nous apparaissent si nombreux que nous ne craignons pas d'affirmer que l'analogie est aussi complète que possible. Citons seulement quelques exemples ; la route une fois tracée, il sera très facile de compléter ce que nous aurons omis. Il nous paraît tout naturel de comparer le mouvement indiqué par l'auteur, observé par l'exécutant, au débit lent ou vif de la personne qui lit ou déclame. Le diapason pris par la voix du récitant correspond assez exactement au ton du morceau ; les inflexions de douceur ou de force données à certains passages, produisent l'effet des *P* et *F* des phrases musicales. Un mot *souligné*, plus appuyé, est un véritable *rinforzando.* Dans une période oratoire ou musicale, dont l'intérêt s'anime ou s'alanguit, apparaissent le *crescendo* ou le *diminuendo;* les différentes cadences ou terminaisons des phrases musicales correspondent fort exactement à la ponctuation du discours.

Con calore, con anima, appassionnato (avec chaleur, avec âme, d'une manière passionnée) sont autant de termes qui indiquent la nature de l'*expression*, modifient en même temps la sonorité, et peuvent accidentellement altérer le mouvement, mais qui surtout doivent guider l'expression de l'exécutant dans certaines données.

Con duolo, con dolore, piangendo (avec douleur, en pleurant) sont des indications expressives qui demandent une qualité de *son* particulière et permettent les altérations de mesure indiquées par la nature de la mélodie; *largamente, tranquillo* (largement, tranquille) peuvent s'appliquer à la mesure comme à la manière de phraser; une mélodie calme et soutenue, un chant large, doivent être chantés et phrasés avec ampleur, en retenant plutôt qu'en pressant les fins de phrases.

Nous pouvons donc résumer ces indications, en disant qu'il y a des signes et des termes pour indiquer la modification matérielle du *son*, d'autres termes qui indiquent la nature et la qualité de la sonorité, enfin des mots qui expriment plus particulièrement le sentiment des phrases et mettent l'exécutant à même de donner au *son* la couleur expressive et poétique voulue par le compositeur.

Les inflexions expressives et les nuances si variées de la parole ont toutes des accents équivalents dans la langue musicale, infiniment plus riche, par la variété de ses timbres et par l'étendue de sa gamme, que l'échelle restreinte des *sons parlés*.

Des poètes et des orateurs ont affirmé avec raison que la musique, souvent impuissante à traduire ce que la parole exprime avec clarté, était, dans de certaines conditions, supérieure à la poésie, pour produire l'émotion, éveiller l'enthousiasme, agiter en nous cette fièvre d'un moment qui fait que notre âme, tout entière, vibre à l'audition des œuvres inspirées par le génie.

Ces termes de comparaison étant posés, nous engageons les élèves intelligents, ceux qui ne cherchent pas exclusivement dans l'étude d'un instrument la *virtuosité*, une gymnastique de doigts irréprochable, à s'habituer de bonne heure à l'analyse des phrases musicales. Leur lecture attentive et réfléchie réformera souvent ce que l'expression peut avoir de défectueux.

J'avoue que j'éprouve un grand plaisir, lorsque je demande à un élève pourquoi il accentue d'une façon plutôt que d'une autre, à lui entendre motiver sa manière de phraser.

Chez un virtuose d'un talent fait, l'inspiration du moment peut quelquefois être heureuse, mais que les élèves se défient de ce mode d'expression. Les *solistes irréprochables* n'abandonnent rien à l'imprévu. Les orateurs et les improvisateurs sont, suivant l'heure, bien ou mal inspirés; mais les artistes consciencieux doivent à leur réputation et à l'appréciation de ceux qui les écoutent de ne jamais, par excès de confiance, s'abandonner à l'impression du moment pour traduire la pensée des maîtres.

Des sonorités du piano.

C'est une erreur assez généralement accréditée, parmi les personnes qui n'ont pas fait une étude approfondie du piano, de croire que la qualité et la puissance du son dépendent exclusivement de la perfection de facture, de la bonté de l'instrument.

Le son du piano est tout fait, dit-on : — c'est une erreur, répondrons-nous, et tous les musiciens habitués à analyser leurs sensations seront de notre avis.

Chaque virtuose a une sonorité à lui, qui est, pour ainsi dire, le timbre distinctif de son genre de talent, le reflet de son esprit, la manifestation de sa sensibilité. La conformation organique de la main, sa nature osseuse ou charnue, la finesse ou l'épaisseur de l'épiderme, le tempérament nerveux ou sanguin de l'exécutant, ont une action directe, immédiate sur la qualité de son obtenue par des virtuoses de même habileté.

Le tact est un sens d'une exquise délicatesse, dont le travail seul peut développer la perfection, et c'est de toutes les qualités physiques la faculté que nous possédons le moins au même degré : de là, chez les artistes, cette variété infinie dans la manière de sentir et d'exprimer.

Ainsi, on peut dire qu'il y a autant de nuances dans le son proprement dit que de variétés de tons dans la même couleur ; et quoique le *piano-forte* doive son nom à l'avantage de pouvoir moduler les vibrations du doux au fort, nous avouons que la gradation insensible du son, comme celle des teintes, est une des difficultés d'exécution les plus grandes et aussi l'une des qualités que doivent chercher à acquérir avec le plus de soin les artistes qui ambitionnent un vrai talent.

Le son n'est donc pas tout fait ; il dépend tout à la fois de la facture de l'instrument, des qualités natives, des facultés naturelles ou acquises de l'exécutant. La souplesse, l'indépendance des doigts et du poignet, l'élasticité des muscles et tendons de la main, le toucher, le sens de ce tact plus ou moins développé, ont une influence très réelle sur la sonorité obtenue.

Cette opinion des plus erronées : *Le son est tout fait*, a dû avoir pour propagateur quelque poète dont le nom m'échappe, le même qui disait en parlant du piano :

Fier de ses sons moelleux qu'il enfante sans peine,
Avec un flegme anglais le piano se traîne.

Hélas! cher poète, si beaucoup d'entre nous, ici-bas, se plaignent avec raison de la sonorité de cet instrument, c'est qu'on n'arrive pas sans peine, sans travail, à obtenir du piano un son moelleux.

Mais, en nous défendant contre ce reproche d'inertie, nous entendons, bien certainement, faire l'éloge du piano moderne, car l'observation du *son tout fait* est d'une exacte vérité, appliquée à l'épinette et au clavecin. Alors l'action du sautereau produisait toujours la même nature de son, *aigrelette* et *nasillarde*. Le piano, en changeant les procédés de mise en vibration, en substituant l'action variée du marteau à celle du bec de plume qui pinçait méchamment la corde, n'a-t-il pas permis à l'exécutant de varier la sonorité et le timbre suivant l'impulsion lente ou vive, douce ou forte, communiquée au marteau par la touche?

Ainsi *P* et *dolce* sont deux nuances souvent employées en même temps et qui expriment tout à la fois l'intensité et la nature du son. Deux autres indications,

F et *brillante*, se traduisent non seulement par la force d'expansion, mais aussi par une qualité plus éclatante de sonorité.

L'échelle des sons du piano s'est successivement accrue de plusieurs octaves, au grave et à l'aigu. Les pianos modernes ont près de huit octaves, limite extrême des sons qu'une oreille exercée puisse percevoir et classer avec justesse, mais cette addition d'étendue est relativement fort peu de chose si l'on énumère les nombreux perfectionnements de la facture moderne : la puissance, l'homogénéité et la distinction du son, les nuances de sonorité moelleuse, harmonieuse, douce, tendre, énergique, éclatante, toutes les inflexions d'accents traduisibles, l'égalité et la facilité du clavier, etc., sans oublier le double échappement, merveilleuse invention de Sébastien Érard, qui permet de réattaquer la touche et de lancer le marteau sur la corde, quand cette touche n'a pas encore repris son niveau et que le marteau se repose à moitié de son parcours; toutes ces découvertes, et bien d'autres que nous ne pouvons énumérer ici, nous portent à dire que les pianos modernes sont aussi loin des instruments construits il y a cinquante ans que les pianos de cette époque l'étaient des pianos du Florentin Cristofori (1718) et du Saxon Silberman en 1750.

L'action du marteau sur les cordes varie suivant que la touche qui lui imprime le mouvement est attaquée de près ou de haut, lentement ou avec vivacité, et suivant que l'impulsion donnée vient des doigts, du poignet, de l'avant-bras ou du bras. Une corde, mise en vibration avec trop de violence, sonne dans de mauvaises conditions : les ondulations sonores sont comme troublées par l'agitation excessive de la corde qui se tord sur elle-même, et nous avons la sensation d'une mauvaise qualité de son.

Il est donc bien important pour un pianiste qui désire acquérir une sonorité onctueuse, puissante et variée dans ses effets, de s'écouter très attentivement, d'étudier lentement, de déplacer et varier les accents dans les exercices de mécanisme, de chercher toutes les modifications de sonorité que comporte la phrase ou le trait qui l'orne; en un mot, il faut un travail patient, intelligent, réfléchi, opiniâtre, et s'interroger souvent sur les résultats acquis, pour obtenir les effets qui résident dans l'instrument, mais qui restent à l'état *latent* pour qui ne sait les mettre en lumière.

Les grands maîtres, anciens et modernes, se distinguent non seulement par leur style, mais aussi par leur sonorité. La sonorité de Hummel était autre que celle de Field. Quelle différence entre l'exécution nerveuse et stridente de Liszt ou Rubinstein et les bruissements vaporeux de Chopin ! Thalberg, comme chef d'école, puis Prudent, Goria, Lubeck et Saint-Saëns diffèrent de nuances, tout en cherchant les mêmes effets d'ampleur de son. Gottschalk, Schuloff, Mathias, Planté, Thurner se sont inspirés de la nature délicate et rêveuse de Chopin; Alkan, Delaborde, Lacombe, Ritter, Hiller, Heller, Wieniawski, Diémer, Delahaye ont cherché la manière de Hummel, la sonorité non dans l'attaque plus énergique du clavier, mais dans la tenue et la prolongation du son ; Herz, Ravina, Lefébure, Fissot, Duvernoy, Ketten, Lavignac, Lack ont aussi une manière différente d'attaquer et de produire le son.

Clementi, Cramer, Kalkbrenner obtenaient certains effets de sonorité par le jeu *legato* et *sostenuto* qui est resté comme un des caractères distinctifs de leur école. Mmes Pleyel, Szavardy, Dubois, Montigny-Rémaury, Schumann, Jaëll, Massart, Joséphine Martin, Mattman, de Malleville, Marie Darjou, Silberberg, Blum, Essipoff, Turpin, Schillo, etc..., diffèrent autant par le style et la sonorité que par la physionomie et le genre d'esprit.

« Le son obtenu sur un même piano varie donc, comme nous le disons dans notre *Histoire du Piano* (1), suivant la souplesse et la délicatesse de tact de l'artiste, suivant sa nature personnelle et son degré d'habileté de main. La facture moderne a réalisé ce merveilleux progrès: rendre les touches sensibles aux plus légères pressions des doigts, donner la possibilité de transmettre aux marteaux prompts à obéir le degré exact et précis d'action qu'ils doivent exercer sur les cordes, lesquelles répondent en donnant les sonorités les plus pénétrantes, les plus subtiles, les plus individuelles. Les variétés infinies de son que l'on peut obtenir du piano tiennent à des causes multiples, dont nous allons énumérer quelques-unes : la forme, la dimension, le mode de fabrication des marteaux, la nature du feutre recouvrant la tête qui frappe les cordes et les fait résonner. Ces procédés ont une action directe sur la

(1) Un vol. in-16, au *Ménestrel*, 2 *bis*, rue Vivienne.

sonorité obtenue, mais ajoutons à ces causes premières l'impulsion plus ou moins vive des doigts sur le clavier, l'attaque lente ou rapide de la touche, la pression des doigts, la nature de la main, son organisme. L'action spéciale de la marche du clavier et des marteaux influe très diversement sur la qualité et le timbre du son obtenu.

» Une observation très curieuse et que l'on ne saurait mettre en doute, c'est que, tout aussi bien que la garniture des marteaux agit d'une manière très appréciable sur la mise en vibration des cordes, de même la nature de la main et des doigts, abstraction faite de la sensibilité native de l'exécutant, a une action immédiate sur le clavier, sur la transmission de la volonté communiquée par la touche aux marteaux. Résumons notre pensée par un exemple : des doigts allongés, minces, flexibles, seront plus naturellement aptes à produire des sonorités douces, délicates, légères et brillantes. Cette induction n'est pourtant pas absolue et peut être modifiée par l'étude.

» La qualité de son différera donc d'après la mise en mouvement du clavier par des doigts de nature différente, alors même que l'acquis des artistes sera le même. La touche reçoit l'empreinte très distincte, très individuelle de l'exécutant, que le virtuose effleure le clavier ou articule avec vivacité, qu'il enfonce profondément la touche, ou ne lui imprime qu'une action moyenne. Loin d'être tout fait, le son est à faire. L'élément premier, la voix du piano, son timbre particulier, dépendent bien en principe du mode de facture;

mais la pâte sonore étant donnée par le créateur de l'instrument, et se prêtant avec plus ou moins de bonheur aux nuances expressives et colorées qui sont le charme de la musique, le piano deviendra par la volonté du virtuose, le reflet vivant de sa pensée. La sonorité malléable se modifiant sous l'action intelligente, sensible, raisonnée des doigts, pourra être successivement moelleuse, persuasive, onctueuse, ou ferme, énergique, stridente. Les accents de douceur ou de force, les couleurs sombres ou éclatantes peuvent tous être obtenus par la volonté inspirée du virtuose. Nous le répétons, le son varie à l'infini dans ses nuances les plus subtiles et les plus tranchées ; il tient à l'organisme de l'artiste, à son tempérament nerveux ou lymphatique, à sa nature expansive ou rêveuse, à son esprit poétique ou positif, à son caractère impressionnable, souple ou énergique.

» Une main grasse, dont les doigts charnus seront suffisamment exercés aux différentes variétés d'attaque du clavier, obtiendra facilement et sans grands efforts une sonorité puissante, pour peu que le système nerveux s'y prête et seconde la volonté ; mais il va de soi, nous le répétons encore, que l'esprit d'observation et un travail spécial peuvent toujours, au point de vue du mécanisme, modifier les dispositions natives. Une ossature forte aux articulations prononcées ou une main dont les doigts noueux, rebelles, manquent de légèreté et de souplesse, auront grand'peine, même avec un travail opiniâtre, à acquérir une sonorité douce, moelleuse, délicate ; par contre, une main normalement équilibrée et dont les doigts sont naturellement souples, obtiendra, sans une grande dépense de volonté, une sonorité onctueuse. Mais ce qui dominera toujours la nature de la main, l'essence sonore de l'instrument, c'est la sensibilité guidée par la réflexion et l'étude, c'est le sentiment du tact plus ou moins développé chez l'artiste.

» La méthode employée pour faire parler le piano dans de bonnes conditions de sonorité varie sensiblement, suivant la nature souple, légère, ou ferme et résistante du clavier; suivant le plus ou moins d'enfoncement des touches, et la promptitude avec laquelle elles obéissent au mouvement d'impulsion transmise aux marteaux, et la rapidité de retour au point de départ. Le toucher du pianiste, qui aura l'expérience que donnent l'étude journalière et l'observation pratique, devra se modifier suivant les qualités malléables ou résistantes de l'instrument qu'il aura sous la main. Un bon clavier n'est jamais lourd, ni trop facile; il doit céder docilement aux pressions les plus délicates des doigts, mais pourtant offrir une résistance suffisante pour laisser au pianiste le sentiment du tact et lui permettre de bien apprécier la fermeté d'articulation des doigts.

» Une trop grande facilité à céder à la pression cesse d'être une qualité et devient presque aussi nuisible pour la clarté du jeu, que peuvent l'être la pesanteur des touches, la lenteur et la non-flexibilité du mécanisme, qui donne inévitablement un toucher empâté, lourd et dur. Un pianiste expérimenté appréciera rapidement les dispositions du clavier et ne tardera pas à savoir comment il doit modifier son exécution pour tirer le meilleur parti d'un instrument imparfait et le rendre docile à sa volonté. Cette possession absolue du clavier par un virtuose habile, possédant l'art de pétrir la pâte sonore qui est l'essence même de l'instrument, sachant ajouter son action personnelle, sa manière à lui de produire le son, son cachet expressif, particulier, est une conquête absolue. C'est une mise en œuvre aussi complète que le serait la prise en possession d'une terre inculte, ingrate, qu'un travailleur patient, intelligent, finirait par transformer à force de volonté et d'activité, en un domaine d'une richesse incomparable. La terre existe avec ses qualités de rendement, mais il importe d'en connaître la nature et de savoir mettre en œuvre ses vertus productives. L'instrument sonore possède bien aussi les qualités qu'a su lui donner le facteur, mais ces dons de nature sont lettre morte, si des doigts exercés, une main souple et agile ne viennent leur donner la vie et l'âme, montrer toutes les ressources harmonieuses, expressives et brillantes de l'instrument, lequel, obéissant à la puissante volonté de l'artiste, acquiert une voix chantante, persuasive, et communique aux auditeurs charmés les suaves émotions qui animent l'exécutant. Le protectorat artistique, la prise de possession d'un instrument, est tout aussi autoritaire et absolue que dans les données diplomatiques. C'est la loi du plus fort, du plus habile, le droit de conquête.

» C'est par la diversité des attaques du clavier, par

la variété infinie des accents, par l'emploi judicieux et raisonné des pédales, qu'on obtient au piano le coloris musical, les nuances délicates ou tranchées, enfin les oppositions de timbre qui font de cet instrument, limité dans ces moyens d'action, un orchestre en miniature, donnant, aussi fidèlement que peut l'être une traduction, une transcription, le mouvement de l'orchestre, les inflexions de la phrase vocale ou instrumentale, les respirations et les coups d'archet. Mais la méthode, l'art de phraser, d'observer les nuances écrites et celles que dicte le goût, qui enseigne à jouer *legato* et *staccato*, à tirer une bonne qualité de son, qui apprend en un mot à bien dire, qui indique les procédés à employer pour obtenir les différentes inflexions de douceur et de force, reste impuissante pour communiquer l'expression persuasive, communicative, le don d'émouvoir, l'accent venu du cœur. Ces qualités naturelles peuvent se perfectionner par le travail, par la réflexion et la connaissance des différents styles, mais on ne les enseigne pas. L'art de moduler le son est un chapitre de méthode, mais on naît sensible, on n'apprend pas à le devenir.

» Le pianiste qui est doué de cette précieuse faculté s'écoute, se complaît dans son interprétation, interroge souvent le clavier pour traduire les sentiments expressifs qui vibrent en lui et obtenir de l'instrument qu'il a sous la main les nuances délicates ou les accents colorés que lui dicte, non l'inspiration instantanée, irréfléchie, mais l'expression raisonnée, étudiée, voulue par les maîtres. Si le son du piano était tout fait, toujours le même, les grandes individualités artistiques n'existeraient pas, et les virtuoses célèbres sortiraient tous du même moule. Les pianistes de l'école moderne et les maitres illustres qui les ont précédés diffèrent entre eux par des nuances d'exécution, mais avant tout par la qualité individuelle, expressive du son. »

De l'esprit en musique.

Les personnes qui accordent à la musique le don d'exprimer les grandes émotions et les sentiments de l'âme, lui refusent, d'une manière trop absolue peut-être, la faculté d'intéresser l'esprit. Émouvoir, passionner, tel est, dit-on, le domaine de l'art musical, Oui, c'est très certainement le côté idéal et poétique d'un art où le sentiment domine ; mais, dans une admiration trop exclusive, ne lui refusons pas le pouvoir de s'adresser à l'esprit en frappant agréablement l'oreille. Sans parler du spirituel babillage de l'orchestre, un dialogue musical animé, un tour de phrase élégant, ingénieux dont le clavier devient l'interprète, une combinaison de sonorité ou un effet imprévu d'harmonie, des mélodies alertes, distinguées, naïves, sans émouvoir puissamment, peuvent cependant captiver l'esprit.

L'esprit, dit-on encore, ne peut se traduire en musique qu'avec le secours des paroles : le *Figaro* de Mozart et celui de Rossini s'évanouiraient sans la prose incisive de Beaumarchais. Telle n'est pas notre opinion : personne ne songerait certainement à la personnification *del Barbiere di qualità* ; mais la musique conserverait sa physionomie étincelante d'esprit.

Dans la musique instrumentale, les menuets d'Haydn et Mozart, les scherzi de Beethoven et de Mendelssohn sont des modèles du genre spirituel. Dans le genre comique et bouffe, le talent du compositeur ne se borne pas à l'emploi ingénieux de certains procédés : intonations chargées, tournures de phrase d'une afféterie à dessein prétentieuse, dialogues rapides, parodies d'un style suranné, intervention malicieuse des timbres de l'orchestre pour exprimer ce que le chanteur ne peut dire ; tous ces petits jeux ne constituent pas le genre bouffe. L'esprit est d'un ordre plus élevé et ne consiste pas simplement dans des jeux de mots ; c'est une des facultés du génie. Mozart, Cimarosa, Rossini, Grétry, Auber, Donizetti, Thomas, Gounod, Grisard, nous l'ont victorieusement prouvé dans leur spirituelles comédies musicales.

Au piano comme au théâtre, l'esprit d'interprétation, une exécution spirituelle dénotent chez l'artiste un sentiment fin, une organisation délicate. Ces qualités sont en partie un don de nature, car l'intelligence et la faculté de traduire la pensée sont des germes précieux que nous avons en nous, et que l'instruction et l'éducation ne font que développer.

Un esprit original et élégant donnera un cachet de distinction aux plus petites choses. Il faut se bien pénétrer du sentiment et de l'expression particulière de chaque œuvre, analyser la manière dont se présentent, s'enchaînent et se développent les idées, le tour mélodique des phrases, l'ornementation, les effets de sonorité, d'harmonie ou de rythme; enfin il faut s'identifier avec le sentiment et l'esprit de l'auteur, sans renoncer cependant à sa propre individualité; car un interprète habile, inspiré, obtient souvent, en exprimant la pensée d'autrui, des effets auxquels le compositeur lui-même n'avait pas songé.

Il faut des études spéciales et une intelligence exercée pour arriver à la connaissance raisonnée des différents styles et des procédés de chaque maître. L'art de sentir, de comprendre, comparer, apprécier, est l'art indispensable à qui veut sérieusement former son jugement musical et ne pas se contenter de la perception passive des sons, ni de la traduction littérale des idées. C'est donc par la lecture attentive de bons ouvrages, c'est en gravant dans sa mémoire les œuvres des maîtres qu'on se formera le goût.

L'esprit a ses nuances comme le style a ses caractères : l'enjouement, la grâce, l'élégance et la coquetterie de l'école française diffèrent de la verve comique et étincelante d'ironie du genre bouffe italien. Enfin la gaieté, la joie, le rire, la douleur, la passion, diffèrent d'accent et d'expression suivant le style. Tous les génies créateurs puisent dans l'inspiration mélodique et dans la vérité d'accent leurs principaux effets ; mais chaque maitre conserve son individualité, un tour d'esprit particulier, qui est comme le cachet de sa création.

L'artiste de talent, le virtuose qui aime sérieusement son art, ne se préoccupe que très secondairement de l'*effet* proprement dit et de son habileté de soliste. Ce qu'il cherche avant tout, c'est la fidèle traduction du sentiment et de l'esprit de l'auteur.

L'art est l'opposé de la vulgarité. Un musicien vulgaire ne sera jamais artiste dans la belle acception du mot. La sensibilité est une qualité indispensable quand il s'agit d'interpréter les œuvres d'expression : mais cette précieuse faculté doit toujours être guidée par la méthode et l'intelligence ; sans ces utiles conseillères, l'exécutant le mieux doué pourrait être souvent à côté de la vérité.

Il faut beaucoup de goût pour choisir les ornements qui conviennent au caractère et au style d'un morceau. Il est aussi fort difficile d'exécuter ces broderies dont le tour varie suivant les époques d'après la tradition de chaque maître. On devra donc, autant que possible, remonter à l'origine et aux modifications de ces fioritures si l'on veut arriver à traduire avec exactitude les caractères et nuances des diverses écoles.

Ainsi, pour traduire d'une manière exacte et vraie la pensée d'un maître, tout interprète consciencieux s'attachera d'abord à bien comprendre le caractère général de ses œuvres et les qualités saillantes qui dominent dans son style : la simplicité, la noblesse ou la passion.

Alors seulement on ne pourra dire de cet interprête : *tradutore, tradittore,* car avec lui la traduction ne sera pas trahison.

Des modifications de la mesure dans l'exécution.

N'ayant pas à donner ici la définition et le classement des différentes variétés de mesure, nous nous bornerons à dire que l'exacte proportion dans la durée et la division des temps, leur rigoureuse égalité entre eux, quelles que soient les valeurs équivalentes employées, forment l'élément constitutif de la mesure.

Un sentiment précis et délicat de la mesure est un indice de bonne organisation, tandis que c'est une véritable infirmité chez un musicien, que le manque de perception naturelle de la mesure et de l'accentuation rythmique. Il faut donc habituer de bonne heure les élèves à bien sentir l'égalité des temps, les rapports des différentes valeurs entre elles, les silences et leur durée relative, l'accentuation des temps forts et celle des passages syncopés ; puis lentement et très progressivement indiquer les exceptions, assez rares d'abord, qui permettent d'altérer l'unité de mesure dans l'exécution d'un morceau.

Le sentiment de la mesure n'exclut pas, dans de justes limites, l'animation ou l'alanguissement accidentel d'un mouvement déterminé. Animer le rythme, c'est donner la vie, féconder la pensée de l'auteur. Il n'y a pas de bonne exécution sans animation, et l'on ne peut, à froid, faire passer ses propres inspirations dans l'âme des auditeurs. Mais ce n'est pas aux jeunes élèves ou aux commençants que s'adresse cette observation : pour eux, la mesure exacte, rigoureuse, est la première, la plus indispensable des qualités.

Faire réciter à de jeunes enfants des pièces de poésie avec les inflexions de voix et d'accents, les gestes et les temps d'arrêt de la déclamation, nous a toujours paru une monstruosité, presque un sacrilège. Le débit naïf, naturel et simple de ces frêles et délicates natures est bien plus en harmonie avec le sentiment vrai de l'art que ne le saurait être un récit ampoulé, maniéré, tourmenté, véritable parodie de l'expression. C'est donc pour les jeunes artistes dont le goût est déjà formé par l'étude des maîtres, que nous ouvrons cette parenthèse sur l'altération de la mesure dans les passages expressifs. Qu'ils se gardent bien pourtant de tomber dans l'exagération : le *sentimentalisme* détruit le vrai sentiment.

L'influence des années, l'étude réfléchie, des lectures de goût, l'audition de grands artistes, apportent de profondes modifications dans notre manière de sentir, d'apprécier, d'exprimer. Aussi n'avons-nous pas la prétention d'indiquer, d'une manière absolue, tous les passages qui permettent ou demandent de légères modifications dans la mesure ; on ne peut bien faire une froide analyse de tout ce qui doit être senti, mais nous allons poser quelques principes généraux, laissant à l'expérience des maîtres, à l'intelligence et à l'expression individuelle de chacun, le soin de développer, par le raisonnement et l'étude, nos indications sommaires.

L'impulsion naturellement plus allègre donnée aux doigts dans les traits rapides, brillants, de bravoure, ou dans les passages d'une expression *agitée*, amène presque toujours un mouvement plus serré, toléré ou indiqué par les mots *più agitato, piu mosso :* plus agité, plus de mouvement. Une longue période de *crescendo* produit aussi la même altération de mesure.

Des dégradations harmoniques sous forme de marches, un *decrescendo* prolongé, un *smorzando* final, ou une conclusion plus énergique après des valeurs rapides, une phrase langoureuse et qui s'éteint par degrés, se traduisent le plus souvent par un *rallentando, più lento, meno vivo, calmato* : plus lent, moins vite, calme. Il est encore de règle générale que les fins de phrases expressives, les cadences mélodiques et les passages qui servent de rentrée aux motifs gagnent en *effet* à être légèrement retenus ; c'est un moyen certain d'appeler l'attention sur le retour de la pensée dominante. Mais, indépendamment des modifications principales de la mesure, il y a dans l'interprétation d'un chant nombre d'intentions secondaires qui portent sur des notes isolées.

Attaquer d'une manière indécise, faire attendre et désirer certaines notes expressives, c'est altérer la mesure selon les lois du goût. Il en est de même des passages plus serrés *stretto*, *stringendo*, ou des notes qui anticipent légèrement sur les valeurs suivantes *a tempo rubato*, à temps dérobé.

Ces sortes de passages, quand ils ne se reproduisent pas trop fréquemment, ce qui devient de l'afféterie, du maniérisme, ajoutent beaucoup à l'expression et ne doivent pas être traités de fautes de mesure. Sans nuances, l'exécution musicale, ainsi que toute diction poétique ou littéraire, serait d'une monotonie fatigante : l'âme, l'idée, et l'inspiration des auteurs ne peuvent se traduire convenablement que par l'emploi intelligent des mille inflexions délicates du sentiment, inflexions qui servent à graduer les effets généraux — et aussi à faire valoir dans leurs plus minutieux détails l'esprit et les intentions des maîtres.

Chez le virtuose instrumentiste les intentions caressantes, persuasives ou passionnées de la parole, sont remplacées par les *accents* si variés qui colorent surtout la musique moderne.

Il y a dans la *mesure*, comme dans la *sonorité*, des nuances de mouvement pour exprimer les diverses sensations de l'âme. Les pulsations du cœur sont plus ou moins rapides et varient suivant nos impressions : il en est de même de la mesure et du rythme qui sont la vie de la musique. Leurs battements ne peuvent être constamment égaux, lorsque la douleur ou la joie, la vie ou l'anéantissement se traduisent en ondes sonores. Le talent du virtuose est d'user avec ménagement de ces altérations momentanées de la mesure et de savoir toujours les motiver.

Les modifications de mouvement doivent le plus souvent être *graduées d'une manière insensible*, et si habilement ménagées que l'oreille la plus délicate n'éprouve aucune gêne ni aucune contrainte par l'effet de ce changement accidentel de la mesure.

Si l'exécution rigoureusement métronomique est terne, incolore, il faut dire aussi que rien n'est plus fatigant qu'un *tempo rubato* perpétuel. Un artiste qui ne sait pas s'animer ne peut pas avoir la prétention d'émouvoir, mais il ne faut pas qu'une qualité précieuse dégénère en défaut radical; mieux vaut la froideur que l'exagération ou la grimace du sentiment. La vie normale n'est pas un état d'agitation et de fièvre permanente, et les exécutants qui, sous prétexte d'expression, abusent des effets dont il ne faut se servir qu'avec une réserve extrême, s'énervent et tarissent par l'abus une source généreuse qui, je le répète, est l'âme et la vie d'une belle interprétation.

De l'Expression.

L'expression est un don naturel que l'éducation et la direction donnée aux études ne peuvent manquer de guider, de développer ou modifier; mais le germe de cette précieuse qualité est, avant tout, inhérent à notre organisation; le maître le plus habile ne remplacera jamais par plus ou moins de *méthode* la sensibilité native, cette impressionnabilité intime, qui nous rend aptes à traduire d'une manière expansive nos sentiments et nos émotions.

L'affinité des impressions entre virtuoses et compositeurs est, indépendamment du mérite individuel de l'exécutant, l'une des causes principales d'une bonne interprétation : un artiste sera d'autant mieux inspiré, si la pensée qu'il doit exprimer correspond plus intimement à celle qui éveille ou surexcite sa propre sensibilité.

Ce phénomène sympathique se produit en nous, — même au point de vue de l'audition, — et agit souven a notre insu, quand nous écoutons avec recueillement des compositions qui traduisent, dans le poétique langage des sons, les douces rêveries ou les mouvements passionnés de notre âme. Ces mystérieux rapports de sensations établissent alors entre les exécutants et les auditeurs comme un courant électrique musical qui produit jusqu'à l'enthousiasme, lorsque les œuvres de génie trouvent pour interprètes des artistes dont le cœur et l'imagination vibrent à l'unisson du talent, et pour public des gens de goût qui se passionnent pour les beautés d'une œuvre et le fini de son exécution.

La force de l'expression s'élève toujours en raison de l'énergie de la pensée et de la profondeur du sentiment de l'interprète.

Il ne faut pas confondre l'*expression* avec la *manière*.

La *manière* est à l'*expression* ce que la *sensiblerie* est à la *sensibilité*, et nous ne saurions trop répéter aux élèves que l'*exagération* et l'*afféterie* sont la véritable parodie du sentiment.

Le naturel et la simplicité peuvent parfaitement s'unir à la distinction et à la noblesse, tout comme l'expression n'exclut en aucune façon la naïveté et une certaine retenue dans la manière de sentir et d'exprimer.

L'impression individuelle du virtuose doit toujours se plier au caractère et au style des maîtres à interpréter. C'est le plus souvent dénaturer la pensée première que substituer son propre sentiment à celui du compositeur, aux indications transmises par lui ou par la tradition, et cela, sous le déplorable prétexte de produire plus d'*effet*.

L'expression a ses différents genres, comme le style dont elle émane. Nous la retrouvons tour à tour simple, naïve, pathétique, passionnée ; et la même phrase, diversement accentuée, peut accuser différents caractères qui la rapprochent ou l'éloignent du sentiment vrai de l'auteur.

La précieuse faculté de sentir vivement et de rendre avec la même énergie d'expression les intentions délicates et variées des œuvres musicales de divers styles, est ce qu'on appelle la qualité *expressive* de l'exécutant. Traduire d'une manière poétique, chaleureuse, colorée, nos impressions, nos sensations dans la langue musicale, c'est faire acte d'*expression*.

Toutes les variétés d'accent et de sonorité, toutes les nuances de sentiment, trouvent leur emploi dans une exécution expressive, guidée par le goût. Mais il faut employer discrètement certains effets qui, répétés, se neutralisent par l'abus.

On ne doit pas donner un intérêt égal à toutes les parties d'un morceau : la lumière, l'ombre et les demi-teintes doivent trouver place dans le coloris musical, aussi bien que dans la peinture.

Mettre des accents sur chaque note, c'est n'en placer nulle part. Il faut étudier d'abord le caractère d'un morceau dans son ensemble, puis analyser ses grandes périodes, ses phrases principales et secondaires, avant de songer aux accents isolés.

Il importe aussi de bien connaître les tours de phrases et cadences, les ornements familiers à chacun des maîtres que nous étudions, avant de traduire d'une manière bien arrêtée leurs inspirations.

L'artiste dramatique, lorsqu'il crée un rôle, étudie dans leurs replis les plus intimes le caractère et la physionomie donnés par l'écrivain au personnage qu'il doit représenter et avec lequel il entreprend de s'identifier; cette étude préalable se fait toujours avant celle du débit dramatique : il doit en être ainsi de l'exécution d'une œuvre sérieuse. Il faut l'étudier dans son ensemble d'abord, avant de songer aux nuances délicates, aux fines intentions de détail.

On exprime bien ce dont on est à l'avance bien pénétré, et nous ne conseillons pas à de jeunes virtuoses de laisser à l'imprévu du moment le soin de diriger leur sentiment.

Il faut s'étudier à bien graduer l'intérêt, ne pas employer trop fréquemment des contrastes extrêmes, se montrer sobre des effets de puissante sonorité que l'on ne peut obtenir qu'aux dépens d'une belle qualité de son; par-dessus tout enfin, se bien pénétrer du sentiment de l'auteur, et ne pas avoir la prétention de remplacer par une inspiration spontanée ce qui doit être le fruit de la réflexion et de l'étude.

L'inspiration sert trop souvent d'excuse aux exécutants qui tendent à l'exagération et dont le style est à l'opposé de la simplicité et du naturel.

L'*inspiration*, c'est tout simplement le génie, et Dieu ne l'a départi qu'à un petit nombre d'élus; trop souvent ce mot sert de passeport à l'absence de méthode et aux fantaisies de virtuoses excentriques qui n'acceptent pour guide que leur caprice.

Quelques natures privilégiées possèdent seules ce don de l'*inspiration* qui leur fait deviner à première vue la pensée intime du maître, et quelquefois même leur permet d'entrer plus avant dans le cœur de l'idée par lui créée ; mais à défaut de cette intuition merveilleuse, de ce génie de l'interprétation, prouvons de la méthode, ayons une sensibilité contenue et raisonnée.

Voici quelques indications sommaires à l'égard des moyens d'action à mettre en usage pour modifier le son dans les passages expressifs. Le goût, le sentiment, le tact, l'étude et l'observation feront plus encore que les procédés élémentaires que nous allons cependant résumer, mais à titre de simples renseignements.

Dans les chants larges, d'une expression pathétique et d'une sonorité vibrante, indiqués le plus souvent par les mots italiens : *cantando, con espressione, con anima, appassionato*, c'est-à-dire : *en chantant, avec expression, avec âme, avec passion*, il faut serrer le clavier de très près, *enfoncer* profondément les touches et tirer, par l'attaque et la pression bien sentie des doigts, une sonorité vibrante, soutenue, de nature même à exercer son action sur les ornements, qui se produisent alors avec plus d'ampleur, d'une façon moins brève et plus arrondie.

Les passages d'une expression calme, gracieuse et douce, n'exigent pas une *pression* aussi profonde des doigts sur le clavier : l'articulation sera plus claire, plus limpide, le son plus doux et les accents moins incisifs. C'est encore chanter avec expression, mais à *mezza voce,* sans l'ampleur de son qu'exige l'élan dramatique.

Les effets de sons portés, *portando, portamento*, sont assez fréquemment employés dans les passages expressifs, principalement aux fins de phrases. Il faut alors ajouter, ainsi que nous l'avons déjà dit, l'action du poignet et de l'avant-bras à la pression exercée par les doigts. Il en résulte une attaque du clavier toute différente de celle du jeu lié et la sonorité change complètement. La pression exercée sur les touches est tout à la fois plus lente et plus profonde, et l'on obtient ainsi assez fidèlement une imitation des *sons portés* du chant vocal. Ce mode d'attaque ne doit s'employer que dans des passages d'un mouvement lent ou modéré.

Concluons :

L'expression, étant le côté idéal, poétique de l'exécution, doit puiser la vérité et la force de ses accents à la source des sentiments les plus élevés. Le côté plastique de l'expression se traduit par un grand nombre de signes qui ont pour objet d'indiquer les modifications de sonorité, de mouvement, et le sentiment qui doit dominer l'exécution ; mais la vie et l'inspiration viennent du cœur et de l'âme, et les signes de convention sont impuissants, insuffisants, pour exprimer avec exactitude des accents dont l'intensité varie à l'infini, et qui pourtant sont figurés de même manière, quel que soit le caractère de la phrase musicale.

La sensibilité, source de l'expression, est un sens organique d'une exquise délicatesse et d'une très grande influence sur l'exécution ; mais, quelle que soit la finesse de ce sens, posons en principe que son action doit être dirigée par la raison et l'expérience. Il faut en quelque sorte que l'esprit idéalise le réalisme des sons.

Des pédales et de leur emploi.

Le mot PÉDALE a plusieurs significations en musique, mais nous n'avons à nous occuper ici que de son acceptation spéciale au piano.

L'effet des pédales consiste à modifier, par une pression du pied sur une touche de bois ou de fer, l'intensité et le timbre des sons du piano. Le nombre des pédales, autrefois de quatre, se réduit à deux dans les instruments modernes.

La pédale du *forte*, désignée sous le nom de grande pédale, est indiquée sur la musique par l'abréviation *péd.* La pédale douce, ou petite pédale, est indiquée par les mots *una corda* (sur une corde). Les mots *tre corde* signifient le retour à la sonorité naturelle, après l'emploi de la pédale *una corda*. Un petit signe de convention indique l'endroit précis où vient cesser l'action de la grande pédale, soit qu'on la quitte pour un certain temps, soit qu'on ait à la reprendre immédiatement.

Voici quelques indications sommaires sur la nature des passages qui comportent l'emploi des pédales. La pédale *forte*, celle qui élève les étouffoirs, ayant surtout pour effet d'augmenter la sonorité en laissant vibrer les cordes en liberté, s'emploie de préférence dans les passages dont l'harmonie ne change pas fréquemment.

dans les chants larges, dans les accompagnements soutenus, et souvent aussi pour mettre plus en relief les notes fondamentales des accords.

Les traits brillants, arpégés ou brisés, gagnent beaucoup à être dits avec le secours de la pédale. Il ne faut pourtant pas poser comme principe absolu que la pédale *forte* soit exclusivement réservée aux effets de puissante sonorité ; on peut également l'utiliser dans les passages doux, harmonieux, et pour atténuer la brièveté des sons dans les octaves aiguës du piano.

Thalberg, maître illustre et virtuose modèle, employait les pédales avec un tact merveilleux. A son exemple, les pianistes de l'école française se distinguent aussi par l'usage qu'ils font de ce procédé.

La pédale *una corda, due corde*, celle qui déplace l'action des marteaux et leur fait attaquer une corde, deux cordes, suivant la pression exercée, est dans la musique moderne d'un emploi très fréquent. Son action, combinée avec celle de la grande pédale, produit des effets d'une sonorité délicieuse et d'un timbre tout particulier. Chopin et les virtuoses qui se sont inspirés de sa manière, tirent souvent parti de cet heureux assemblage. Le son vaporeux et suave que l'on peut obtenir de l'emploi simultané des deux pédales, convient aux pièces expressives, nocturnes, romances, berceuses. Cette musique intime, dite ainsi *mezza voce*, acquiert un charme extrême ; l'on écoute avec plaisir et étonnement ces bruissements harmonieux qui font songer à la harpe éolienne.

Mais trop souvent les élèves, ravis de cette délicieuse sonorité, oublient qu'ils doivent avant tout demander à l'action des doigts la précieuse qualité de moduler le son ; ils trouvent plus facile et plus *à effet* de le modifier par la simple pression du pied.

L'abus de l'emploi des pédales, de celle surtout qui lève les étouffoirs, est un défaut inhérent à presque tous les élèves. Ils aiment à se faire illusion sur la sonorité qu'ils peuvent obtenir, et malheureusement ils se servent à tout propos, sans discrétion, d'un effet qui ne doit être employé qu'avec beaucoup de réserve et de discernement. Le plus souvent, à partir du jour où le professeur permet à l'élève d'utiliser la pédale, le pied demeure en permanence sur ce précieux auxiliaire, qui sert alors plutôt à marquer les temps qu'à réaliser un effet particulier de sonorité. Rien n'est plus fatigant pour des oreilles délicates que ce bourdonnement continuel et la confusion produite par la résonance simultanée de sons incohérents. Les élèves s'habituent trop facilement à ce moyen artificiel d'augmenter ou de varier la sonorité naturelle du piano; ils perdent ainsi le sentiment de l'harmonie, et celui du degré de pression réelle que les doigts doivent exercer sur le clavier pour produire et moduler le son.

Concluons : les pédales, employées par des virtuoses habiles, produisent des effets précieux d'une sonorité très variée ; mais l'abus est le vice attaché à tous les usages ; et nous engageons très fortement les élèves à ne se servir des pédales que le plus tard possible, alors qu'ils pourront les employer d'une manière judicieuse, c'est-à-dire les faire *parler ou se taire à propos*

Ce résultat ne sera atteint que si les élèves possèdent des notions suffisantes d'harmonie, pour apprécier avec justesse les successions d'accords qui peuvent vibrer ensemble sans amener de confusion, et surtout, s'ils mettent autant de soin à supprimer l'action de la pédale aux endroits qui ne l'exigent pas, qu'à l'employer dans les passages où elle ajoute réellement à l'effet.

« Pour dire toute notre pensée (1), nous trouvons qu'à l'heure présente la généralité des pianistes abuse de la grande pédale; beaucoup inconsciemment, quelques-uns avec la volonté d'obtenir une sonorité plus puissante. Malheureusement l'effet, produit au détriment de la clarté des traits, engendre une fâcheuse confusion de sons, là où une oreille délicate voudrait une articulation nette et limpide. Le plus grand nombre des élèves, auxquels on permet l'emploi de la grande pédale, s'en sert pour battre la mesure, ou mieux la met pour ne plus la quitter. C'est alors une cacophonie épouvantable, la désolation des musiciens de goût. Ils prennent en horreur le piano et les pianistes, qui mettent leurs oreilles à pareille torture. Hummel, qui avait une si belle sonorité, usait fort peu de la pédale, et recommandait à ses élèves de ne s'en servir que fort rarement. L'employer constamment, c'est ne la mettre nulle part et se priver d'effets dont il ne faut user qu'avec une extrême réserve. Thalberg et Chopin se servaient des pédales avec une rare habileté, et les employaient d'une façon presque incessante. Mais à côté de ces deux

(1) *Histoire du piano*, un vol. in-16, au *Ménestrel*, 2 *bis*, rue Vivienne.

grands virtuoses, combien de pianistes célèbres font abus de la pédale, l'indiquant à chaque battue de mesure de leurs compositions. Robert Schumann lui-même n'a pas échappé à ce petit travers.

» On rencontre souvent dans son œuvre cette indication sommaire : mettez la pédale à chaque mesure, et l'élève le plus soucieux de tout observer, traduit le plus souvent par laisser la pédale à demeure fixe, d'où une confusion atroce, surtout dans les œuvres de ce maître, d'un travail si complexe, où les tenues, les altérations, les modulations se succèdent, en laissant fort peu de temps à l'oreille pour saisir la trame harmonique très serrée, mais si intéressante, qui encadre l'idée musicale. Nous devons faire la même réserve pour les œuvres de Chopin, où les pédales alternent ou se réunissent pour des effets particuliers à ce maître. Malheureusement tous les élèves ont plus ou moins l'ambition de l'interpréter, et trop souvent, hélas! pour beaucoup, on pourrait dire de l'*exécuter*. Pour quelques virtuoses habiles et capables de comprendre le charme et l'exquise délicatesse de ces poésies musicales, que d'erreurs se produisent! Nous devons signaler les effets de sonorité et de prolongation de vibrations, par l'emploi de la grande pédale mise tout aussitôt après l'attaque d'accords énergiques. L'action de la pédale vient ajouter après coup sa résonance, parfaitement distincte de l'accentuation donnée par l'audition de l'accord. Souvent aussi on obtient d'excellents effets en employant la grande pédale sur le frappé des basses profondes, et en réunissant les deux pédales pour des accompagnements harmonieux et soutenus. Ces sonorités diverses ne peuvent être comprises et employées convenablement que par des pianistes très exercés, ayant une grande habitude du maniement rapide et délicat des pédales. Nous bornons là nos conseils que la pratique et une oreille attentive pourront développer et modifier à l'infini. »

Transcriptions.

On donne le nom de transcription à la reproduction d'une composition, vocale ou orchestrale, sur un instrument autre que celui pour lequel la pièce a été primitivement écrite.

Sigismond Thalberg, dans son *Art du chant appliqué au piano* (1); Georges Bizet, dans son œuvre si remarquable du *Pianiste chanteur*, ont laissé d'admirables modèles de ce genre de transcription. Liszt, dans *les Soirées de Rossini* et les Mélodies de Schubert transcrites pour

---

(1) Simplifié d'abord par Ch. Czerny et traduit ensuite à quatre mains.

le piano, a poussé l'ingéniosité jusqu'à la virtuosité la plus transcendante. Camille Stamaty, Prudent et Goria ont aussi laissé de belles transcriptions vocales. Le trio de *Guillaume Tell,* celui de *Robert,* le quatuor de *Rigoletto,* celui d'*I Puritani,* le *Miserere* du *Trovatore,* les *Plaintes de la jeune fille. Marie Stuart, Plaisir d'amour,* et le célèbre chant de *Castor et Pollux,* de Rameau, sont des types parfaits où se résument les procédés de ces maîtres.

Les transcriptions de Stephen Heller ont une saveur toute particulière ; on sent dans ces arrangements un véritable symphoniste ; le pianiste est doublé d'un compositeur de grande valeur. — Schuloff, Saint-Saëns, Delioux, Diémer, Besozzi, Planté, F. Godefroid, Mathias, G. Krüger, Lavignac, P. Bernard, A. Durand, ont publié de nombreuses transcriptions vocales ou instrumentales, toutes très intéressantes, dans des degrés de force différents, avec des procédés variés, où le tact, l'habileté de chacun sont pleinement en lumière.

Les transcriptions vocales et instrumentales, exactement réalisées par des maîtres habiles, sont d'un excellent travail, offrent un intérêt tout particulier aux élèves en les initiant à la connaissance des chefs-d'œuvre dramatiques et symphoniques, et aussi à la musique dite de chambre, trios, quatuors, quintettes, etc. Les élèves qui apprennent par cœur ces œuvres choisies des grands maîtres augmentent leur érudition musicale, et de plus acquièrent une noblesse de style, une façon magistrale d'interpréter que la musique spéciale, dont le but unique est souvent la virtuosité. ne peut toujours donner.

Un avantage tout particulier des études de transcriptions vocales et instrumentales consiste aussi dans la recherche et la reproduction de l'accent et du phraser vocal, dans la variété des timbres et le mouvement de l'orchestre, que l'élève doit s'efforcer d'imiter dans la limite du possible.

Le brio des traits rapides, les trémolos des instruments à cordes, leurs accents divers, les tenues des instruments à vent, la sonorité douce ou stridente des cuivres, le timbre particulier des différentes familles d'instruments. les chants soutenus des violoncelles ou du cor, les soli du hautbois ou de la clarinette, les mille nuances et détails de l'orchestre sont autant de sujets d'étude, doivent être traduits avec l'esprit de l'auteur, reproduits avec toute l'ingéniosité et l'exactitude du transcripteur. Voilà tout un monde de recherches fort à la mode de nos jours, mais dont les élèves ne tirent pas toujours le fruit désirable, n'y poursuivant le plus souvent que le plaisir d'un souvenir. Il faut, au contraire, entrer très avant dans la pensée intime du compositeur.

Le *nec plus ultra* du difficile dans le genre des transcriptions instrumentales est la traduction au piano solo des symphonies de Beethoven par Liszt. Ces transcriptions, d'une fidélité merveilleuse, offrent à l'étude des virtuoses de premier ordre un travail des plus ardus, mais aussi des plus intéressants.

Nocturnes, romances sans paroles, impromptus, pièces caractéristiques, transcriptions d'œuvres vocales et orchestrales.

Les pianistes modernes vraiment dignes du titre de compositeurs ont ajouté aux formes classiques des maîtres anciens, des pièces caractéristiques : mélodies, caprices, impromptus, compositions d'un genre tout moderne inconnu à nos devanciers. John Field a donné à la romance variée, à la cantilène, à la *canzonetta* un style plus expressif, un développement plus musical et nous a dotés de ravissants modèles du genre dit nocturne. Chopin, avec son exquise sensibilité, son tempérament maladif et passionné, a poétisé ces poèmes si en harmonie avec sa nature tendre, rêveuse, impressionnable. Les nocturnes, op. 9, 15, 27, 32, 37, 62, doivent être étudiés avec soin et recueillement.

Il y aurait pourtant quelque danger à abuser de ces compositions, qui sont du Musset en musique. Admirons et aimons ce charmant poète, mais faisons passer, avant l'émotion nerveuse ou maladive, l'expression venue du cœur. Il faut toujours que l'expression, même dans ses accents les plus pathétiques, soit guidée. contenue par la réflexion et le goût. Une certaine réserve chaste (presque un sentiment d'honnêteté) doit tempérer ce que l'accent peut avoir de trop accusé. En un mot, l'idéal de l'expression a pour nous sa source dans l'âme et non dans les sens.

Les trois impromptus de Chopin, op. 29, 36, 51, et son impromptu posthume sont des pièces de genre à deux mouvements, où une phrase expressive alterne avec un trait rapide et brillant. Ce genre appartient à Chopin qui nous a laissé de véritables bijoux comme modèles.

Dœhler, Ravina, Goria, Delioux, Magnus, Boulanger, bien d'autres encore, ont écrit de nombreux nocturnes en s'inspirant des modèles cités plus haut.

Mendelssohn, Schumann, St. Heller, Prudent, Gottschalk, Rosenhain, Delahaye, Raoul Pugno, etc., dans un genre plus varié de caractère, plus déterminé d'allure, ont composé de nombreuses suites de pièces, plus généralement appelées : romances sans paroles, *lieder*. Ces morceaux n'appartiennent pas tous, comme les nocturnes, au genre sentimental. L'indication mélodique étant subordonnée tout naturellement au caractère de la pièce, qui peut, suivant la donnée du poète-musicien, aborder tous les genres : simples chansons, idylle, barcarolle, chant du soldat, chanson du matelot, berceuse, rêverie, impressions de joie ou de douleur, sentiments tendres ou héroïques, musique simple ou descriptive, — tout peut trouver sa place dans le vaste domaine de la pensée musicale.

Les 6 cahiers de romances sans paroles de Mendelssohn sont d'une étude indispensable pour les pianistes qui veulent acquérir une belle sonorité, avec cette indépendance et cette souplesse des doigts qui permettent de traduire un chant et un accompagnement de la même main. — Voici les numéros des recueils : op. 19, 30, 38, 53, 62, 67. Les pièces caractéristiques, op. 7, 16, 33, peuvent aussi dans le même ordre d'idées offrir un excellent travail, où l'invention mélodique se joint à l'ingéniosité des accompagnements, le tout dans un style serré et concis.

R. Schumann, dans son Carnaval, op. 9, Scènes d'enfants, op. 15, 43, Pièces caractéristiques, op. 68, Album dédié à la jeunesse, op. 99, 124, Feuillets d'album, enfin dans son op. 12, Pièces romantiques, a su imprimer le caractère distinctif de son génie à ces esquisses musicales.

Stephen Heller, dans ses remarquables Suites de pièces caractéristiques, *Promenades d'un solitaire* (78), *Nuits blanches* (82), a donné une forme particulière à ces petits poèmes, où la fantaisie s'unit à la facture, et les recherches harmoniques aux idées les plus poétiques. Chopin, E. Wolff et Rosenhain ont aussi composé avec ce sentiment particulier aux Slaves de délicieuses Polonaises. Duprato, dans ses Romances sans paroles, Bizet dans les *Chants du Rhin*, Vaucorbeil dans ses pièces *Intimes*, Gade dans ses *Aquarelles*, *Idylles* et *Noëls*, ont signé de ravissantes pièces caractéristiques, d'une grande originalité, où le savoir s'unit aux inspirations les plus mélodiques. Qu'il me soit permis de citer encore mon nom pour mes petites pièces, op. 119 : *Scènes cham-*

pêtres ; op. 120, *la Légende des cloches ;* op. 121, 12, Airs de danse dans le style ancien.

Du choix des exercices et des études.

Tous les compositeurs anciens et modernes qui ont écrit des recueils d'études scolastiques, de salon ou de concert, ont naturellement pris pour modèle, pour type, les difficultés spéciales les plus usitées, ou celles qu'ils jugeaient les plus utiles à vaincre. Tantôt il s'agit de formules d'arpèges ou d'accords brisés, de doubles notes rapides et liées, d'accords chantants ou détachés, de passages chromatiques rapides et légers, de trilles chantants ou prolongés, de traits brillants et énergiques en octaves, etc., etc...

D'autres, au contraire, ont plus particulièrement porté leurs recherches, leurs efforts sur des types nouveaux de rythme, d'accentuation expressive, sur la phrase mélodique, etc. Toutes ces formes et variétés d'études, de mécanisme et de style existent en grand nombre, présentées sous des aspects différents par des compositeurs célèbres. Mais, chaque maître ayant son style, ses procédés, ses formules affectionnées, il est bon, il est utile d'étudier le même genre de difficultés traité diversement par des virtuoses émérites. Pour les esprits novateurs, inventifs et chercheurs, l'horizon musical n'a pas de limites; et souvent les hommes de génie vont plus loin que leurs devanciers. Voilà pourquoi la perfection demeure relative et l'idéal rêvé n'est jamais atteint.

La liste d'*exercices* et d'*études* que nous donnerons, au second volume de cet ouvrage *(vade-mecum)*, ainsi que le choix des morceaux à deux et à quatre mains que nous recommanderons, comprendra tous les degrés de force et s'élèvera lentement, progressivement, des premiers éléments jusqu'à la difficulté la plus transcendante. Nous suivrons, pour les morceaux surtout, deux courants parallèles, le genre classique et l'élément moderne.

Notre choix, nos préférences ont tout naturellement porté sur les compositeurs dont nous apprécions plus particulièrement la valeur. Mais, malgré le sentiment de justice qui nous a guidé, nous aurons sans doute bien des omissions, des oublis, des erreurs à réparer. Nous prions nos collègues d'agréer nos excuses et nos regrets. Si quelques noms ont été oubliés, si d'autres n'occupent pas toujours dans notre classification la place due à leur mérite, qu'ils n'accusent que mon manque de mémoire, sans y voir aucun parti pris de partialité. D'ailleurs la première édition du catalogue, *Vade-mecum des Pianistes*, que je prépare, sera prochainement suivie d'une seconde édition, où je m'empresserai de faire droit, dans la mesure du possible, aux légitimes réclamations qui me seront adressées.

Progression raisonnée dans le choix des morceaux.

Nous ne saurions trop appeler l'attention des professeurs soucieux des progrès de leurs élèves sur le soin minutieux que réclament non seulement le choix et la progression des morceaux, mais aussi l'ordre de succession des exercices et des études.

Les recueils célèbres et si justement populaires de Clementi, Cramer, Chopin, Czerny, Moschelès, Kalkbrenner, Bertini, Stamaty, Ravina, Herz, Heller, dont nous venons de parler, laissent quelquefois à désirer comme classification logique, s'élevant graduellement d'une difficulté moindre à des degrés peu à peu supérieurs. Très rarement les compositeurs, même les plus habiles, s'assujettissent, dans la classification de leurs études, à l'ordre de progression le plus rationnel. Nous aussi, malgré notre expérience et l'esprit méthodique que nous croyons posséder, nous reconnaissons avoir plusieurs fois négligé cette rigoureuse ordonnance.

Mais, s'il peut y avoir lieu, dans certains cas, d'intervertir l'ordre de succession de quelques études dans un recueil dont l'ensemble appartient à un degré de force déterminé, nous pensons que ces modifications légères rentrent absolument dans la compétence du professeur. Un maître expérimenté doit savoir apprécier l'utilité immédiate de telles ou telles études, désignées, choisies par lui, suivant le but qu'il se propose et le plus grand intérêt de l'élève.

C'est, on le voit, une question de tact et d'appréciation raisonnée, abandonnée par les compositeurs au discernement et au jugement consciencieux des professeurs. Mais ce qu'il importe d'affirmer très haut, c'est que la progression raisonnée, graduée des études musicales est d'autant plus impérieuse qu'il s'agira d'un élève moins avancé.

Quand le mécanisme est à faire, le goût à former, voilà le moment opportun pour suivre rigoureusement et pas à pas une méthode logique, progressive, où chaque fait nouveau se produise à son heure, se coordonne à l'enseignement précédent, en soit la conséquence. C'est bien là qu'il faut mettre en pratique le précepte de l'antiquité : *Festina lente,* Hâte-toi lentement.

Un travail régulier de quelques heures employées avec conscience, et cela tous les jours, sans exception, est de beaucoup préférable à ces fièvres ardentes auxquelles succèdent l'énervement et des accès de *farniente.* Rien n'est plus préjudiciable aux progrès soutenus que ces alternatives de bon vouloir excessif et de subit découragement.

La goutte d'eau qui, dans sa chute presque insensible, finit par user le granit et par y imprimer sa trace est bien plus puissante que l'ondée torrentielle dont le passage rapide use la roche sans l'entamer. Il faut donc ne jamais laisser un jour sans travail. Une période de repos continu, à moins d'obligations forcées, est à notre avis une faute grave qui peut faire perdre en peu de temps le fruit de longues et patientes études.

Des auteurs classiques et modernes

Dans notre conviction, toute œuvre qui fait autorité, que l'on peut accepter comme type de logique et de goût, tout traité spécial qui reste fidèle aux principes de l'art, que l'on choisit de préférence comme modèle du style musical, est, ou doit être rangé dans la nomenclature des œuvres classiques.

Les auteurs anciens dont la réputation a été consacrée par le temps n'ont pas été considérés tous comme des classiques de leur vivant.

L'art a ses heures d'audace et de transformations ; mais si notre sympathie, notre admiration sont acquises aux novateurs de génie et même aux simples ingénieux, nous protestons contre les vaniteux ignorants et les orgueilleux sans idées.

Pour nous, les véritables classiques, anciens et modernes, sont les compositeurs qui ont l'amour et le culte du beau, dont le style est noble et pur, dont l'harmonie est saine et correcte, et qui savent allier dans de justes proportions l'imagination au savoir ; ceux qui équilibrent leurs idées de façon à conserver au discours musical cette unité dans la variété qui est le fait des maîtres. Grâce à Dieu, leurs beaux enseignements, leurs grands exemples n'ont pas été stériles. Si, de nos jours, la folie de paraître, la manie du paradoxe se sont emparées d'un trop grand nombre de prétendus musiciens, ignorants des premiers principes de l'harmonie et même de l'orthographe musicale, l'école moderne du piano compte beaucoup de compositeurs de mérite et quelques artistes de premier ordre qui, classiques de leur vivant, laisseront à la postérité des noms justement célèbres.

Mais encore une fois, s'il y a iniquité, cruauté, à vouloir écraser les vivants avec les morts dont on exalte le génie ; si l'idée de progrès ordonne de faire une large place aux nouveaux et de leur aplanir le chemin, ne fût-ce qu'en vue de la postérité et pour maintenir de niveau le patrimoine des classiques, il n'en est pas moins triste, moins déplorable, de voir un nombre prodigieux d'insanités musicales se produire sans vergogne et faire montre de leurs infirmités à côté d'œuvres d'un réel mérite.

C'est pour réagir contre cet encombrement, c'est pour combattre cet envahissement de l'ignorance et du mauvais goût, dont nos voisins d'outre-Rhin tirent contre l'école française des arguments trop faciles, que plusieurs éditeurs ont entrepris la publication des classiques : œuvre indispensable, dont personne ne contestera les heureux résultats.

De l'étude spéciale de la main gauche.

Tous les professeurs qui se sont sérieusement occupés de l'enseignement du piano et qui ont pris la peine de formuler dans leurs méthodes les conseils de leur expérience, recommandent avec raison un travail fréquent à mains séparées.

J'approuve entièrement cette recommandation, et j'ajoute qu'on ne saurait trop insister sur l'étude particulière de la main gauche seule. Tous les pianistes savent que les doigts de cette main sont généralement moins souples, moins agiles et manquent de force. Il faut donc, — par une volonté constante, opiniâtre, de tous les instants — corriger la faiblesse naturelle de cette main et faire acquérir aux doigts une indépendance, une liberté d'allure qui ne le cèdent en rien à celles de la main droite.

Dans tous les traits à mouvement semblable et les mains réunies, il existe une sorte d'entraînement de la main faible par la main forte qui fait illusion aux auditeurs inexpérimentés. C'est ce qui a souvent lieu à l'orchestre, où de bons premiers violons, par leur franchise d'attaque et leur brio, dissimulent l'infériorité de leurs voisins de pupitre. Il faut donc souvent jouer *à découvert*, comparer avec soin la sonorité donnée par chaque main isolément, choisir pour juge une oreille exercée, délicate, et n'être satisfait que si le résultat du travail donne une égale indépendance, une sonorité semblable aux deux mains. Tous les compositeurs d'études ont écrit dans leurs recueils des pièces pour la main gauche, mais Czerny et Bertini ont spécialement publié trois ouvrages faciles et difficiles traitant plus particulièrement de cet aspect du mécanisme.

Nous conseillerons encore de faire les gammes en commençant les mains ensemble, puis de les continuer la main gauche seule, sans intermittence dans la mesure. On jugera facilement ainsi du degré de sûreté et d'habileté acquises aux deux mains.

Un excellent exercice consiste aussi à faire, par mouvement *contraire* ou *inverse*, un trait indiqué d'une façon déterminée. Je m'explique : si le passage est ascendant, l'élève le travaillera en montant et en descendant, en variant la division rythmique, l'accentuation, et *vice versa*. Le résultat de ce travail, s'il est fait avec intelligence et volonté, n'est pas douteux. Mais, — et ceci sera la conclusion de ces études spéciales, — c'est dans le travail suivi, raisonné des *pièces fuguées*, école ancienne et moderne, dans ces compositions magistrales où la pensée et surtout le développement logique, normal de l'idée, priment toute espèce d'arrangement particulier des mains, que le pianiste tiendra le procédé certain pour assurer à la main gauche une liberté d'action de tous points égale à celle de la main droite.

Aussi, recommanderons-nous tout particulièrement, pour acquérir une excellente main gauche, l'étude attentive, consciencieuse, raisonnée de tous les maîtres anciens ou modernes qui ont écrit dans le style sévère et fugué. Pour eux, la main gauche était une seconde main droite; jamais ils ne se sont préoccupés des difficultés de disposition, mais bien de la raison d'être, du caractère indispensable du passage écrit.

Des interruptions

Les jeunes professeurs, les meilleurs souvent, ceux qu'anime la ferme volonté d'aider et de soutenir dans l'extrême limite du possible les élèves dont ils sont chargés, ont presque toujours, au début de leur enseignement, l'habitude d'interrompre à chaque mesure, — presque à chaque note. Ces observations incessantes peuvent être justifiées et motivées ; j'accorde que la mauvaise tenue du corps, des bras, des mains, que les fautes de lecture ou de mesure. que l'attaque manquée du clavier, la qualité de son détestable, les accents et les nuances inobservées, mille choses du même ordre, en fournissent le prétexte : c'est assez l'habitude au début d'une éducation musicale, à moins qu'il ne s'agisse de sujets exceptionnels ; mais ce serait aller contre le but poursuivi que de jeter coup sur coup, à chaque seconde, le trouble et l'hésitation dans l'esprit de l'élève.

On le rend alors timide et craintif à l'excès. Nous avons vu cette faute, dont les conséquences sont parfois fort graves, commise par nombre de jeunes professeurs pleins d'ardeur et de foi, désireux de tout dire, ne voulant rien omettre, péchant en un mot par excès de conscience. Aussi recommandons-nous bien à nos jeunes collégues de graduer, avec tact et réserve, le nombre et la nature de leurs observations, suivant l'âge, l'intelligence et le degré de force de leurs élèves.

La question *d'aptitude* est ici de la plus haute importance. Les observations *principales* devront se faire lentement, avec calcul et logique, bien déduites les unes des autres, de peur que l'élève ne perde la tête sous le déluge de fautes trop réelles qui crient à son oreille : Tout est mauvais, tout est à refaire.

La première règle à observer est la bonne tenue au piano. En second lieu vient l'exactitude de lecture, puis les valeurs, la mesure. Enfin, mais tout cela bien à son heure et successivement, la tenue des doigts, leur action sur le clavier, la sonorité, les accents et les nuances. — Éviter les observations multiples, incessantes, journellement répétées. C'est bien souvent à cet excès de bon vouloir, à ce zèle dangereux du professeur qu'il faut attribuer la défiance constante de l'élève envers lui-même. Le maître devra donc, en principe, si l'élève est déjà un peu avancé, réserver ses observations pour la fin d'une phrase ou d'un trait et ne pas briser l'exécution du morceau, à moins de fautes très graves exigeant une indication immédiate.

Il arrive en effet, dans le cas d'observations trop réitérées, que l'élève prend l'habitude de s'arrêter de lui-même à la moindre erreur, et aussi au moindre doute. De là des temps d'arrêt plus ou moins motivés, des inquiétudes perpétuelles, des indécisions constantes qui subsisteront dans l'exécution d'un morceau bien étudié, enseigné avec soin. Une faute échappée, une nuance perdue ramèneront facilement la mauvaise habitude et aussi un mouvement nerveux d'impatience contre soi-même.

Résumons-nous : le moment venu de répéter, soit avec la musique ou mieux encore de mémoire, le morceau perfectionné, il faut écouter très attentivement l'élève, mais éviter, au courant de l'exécution, toute observation relative à l'expression, à la bravoure, tout motif de trouble pour la mémoire et pour la suite parfaite dans le discours musical. Le morceau terminé, les remarques judicieuses du professeur ont toute autorité et arrivent fort à propos. Il affirme le bien-dire ou montre par où il a péché, donne confiance à l'élève en signalant toutefois les passages qui demandent encore de l'étude, veulent plus de fermeté, d'assurance, une expression plus accusée.

Nous croyons ces simples observations de la plus haute importance pour l'avenir des élèves virtuoses.

Les recommandations que nous venons de faire pour l'exécution des pièces étudiées, apprises de mémoire, sont plus impérieuses encore pour la lecture *à vue,* à deux et à quatre mains.

Une des qualités primordiales d'un bon lecteur consiste à ne jamais s'arrêter ni se reprendre. Il faut, nous le répétons, savoir se tromper en mesure, éluder les passages ou les mouvements trop difficiles, simplifier, abandonner pour un instant, si l'on n'a pas de meilleure ressource, la lecture d'une main, puis reprendre l'ensemble à la première éclaircie. La faute la plus grave, la plus regrettable serait de s'arrêter, bégayer, de frapper et refrapper les mêmes notes.

Il faut donc, si l'on veut préparer des lecteurs sérieux, habituer les élèves, dès leurs premiers mois d'études, à cette gymnastique des yeux et de l'intelligence qui permet de voir vite et juste, d'observer la durée exacte des valeurs, de mesurer les distances et de bien s'imprégner de la tonalité, des modulations passagères ou persistantes. On doit arriver à lire à *prima vista*, comme dans un livre ou dans une lettre manuscrite.

Certains professeurs défendent de compter par temps et fractions de temps. Nous ne partageons pas leur avis. — Compter à haute voix d'abord, puis mentalement, nous semble préférable à l'usage du métronome. Celui-ci peut accidentellement suppléer la parole ou reposer l'élève; mais un instrument ne remplace jamais la pensée réfléchie qui fait qu'avant d'appeler le temps, l'élève doit opérer mentalement la numération des valeurs correspondantes à la durée de ce temps.

Le professeur peut du reste compter lui-même à haute voix et faire sentir la valeur des temps forts dans le discours musical. Marquer la mesure avec le pied nous semble un bruit fatigant et incommode dont les pianistes doivent proscrire l'habitude.

Un dernier mot encore sur les interruptions trop fréquentes, les observations incessantes, la critique de l'exécution. A côté des professeurs qui, par excès de zèle ou inexpérience, ne laissent pas respirer l'élève et le reprennent à tout propos, il existe certains maîtres qui agissent de même pour des motifs bien différents et moins excusables. Ceux-là sont réputés *habiles* dans la mauvaise acception du mot; ils ne voient rien de mieux pour établir leur supériorité personnelle et pour amoindrir le mérite de leurs collègues, que de critiquer sous le moindre prétexte, souvent même sans aucune raison avouable, des élèves dont le grand tort est d'avoir été formés à une autre école.

Pour ces natures mesquines et envieuses, que font souffrir la réputation ou les succès d'autrui, tout est à refaire, à reprendre en sous-œuvre, à recommencer par la base; ils ne feront grâce à l'élève d'aucune remarque, si peu fondée qu'elle soit. Ce sont les interrupteurs de parti pris.

Nous avons parlé jusqu'ici des interruptions venant du professeur. Il peut en venir de l'élève.

Celui-ci sera naturellement porté à poser des questions de diverses natures; et il importe à l'autorité d'un bon enseignement que le maître réponde sans hésitation, explique avec clarté, résolve sans réplique les détails qui ont frappé l'attention de l'élève. Toutefois, s'il est bon et raisonnable de chercher la raison de chaque chose, de vouloir approfondir, il ne faut pas que cette intelligente et saine curiosité dégénère en manie de causeries perpétuelles. Le temps de la leçon s'écoulerait alors en dissertations oiseuses.

Pour éviter cette fâcheuse perte de temps, sans décourager les élèves ardents à s'instruire, le mieux sera, à la fin de chaque leçon, de poser deux ou trois questions de théorie à résoudre à la leçon suivante.

On mettra l'écolier sur le chemin des déductions et des raisonnements que son degré d'instruction musicale pourra lui permettre.

En suivant régulièrement cette méthode, d'une façon progressive et sans surcharge, on donnera à l'élève l'esprit d'analyse. Ce n'est pas encore le goût, mais c'en est la base la plus sûre et son meilleur appui. Il deviendra capable d'apprécier, en toute connaissance de cause, non seulement les divers procédés de la partie mécanique et technique, mais encore les innombrables questions d'esthétique, le côté génial et poétique de l'art. Mais, avant d'en arriver là, il faudra, lorsque l'âge et le mode d'éducation de l'élève n'y seront pas un obstacle invincible, éveiller son imagination par des lectures spéciales : celles des poètes et des littérateurs qui se sont appliqués à la philosophie de l'art, Lamennais, Cousin, Taine et tant d'illustres chercheurs dont la pensée s'est élevée jusqu'à ces hautes sphères où plane l'idéal suprême de tous les beaux-arts.

La lecture à petites doses de chapitres spéciaux choisis dans les œuvres de ces grands maîtres de la pensée aura certainement une salutaire et puissante influence sur la nature impressionnable et sensible des jeunes musiciens, dont l'âme est en général disposée à vibrer aux grandes émotions, à s'exalter aux sentiments généreux.

On me dira que les journées les plus longues ne suffiraient pas à faire ce que je demande. Je réponds qu'il est parfaitement possible de remplir ce programme; mais, pour cela, il faut une régularité extrême, une progression parfaite, un enchaînement raisonné, une volonté persistante, — enfin l'esprit d'ordre chez l'élève et une direction ferme et éclairée chez le maître. Ajoutons-y ce point capital : une confiance bien placée de la part des parents; jamais d'entraves, ni d'immixtion importune dans l'enseignement : de simples marques d'intérêt et d'encouragement, graduées aux progrès et même aux seuls efforts de l'élève.

Nous affirmons qu'en procédant de la sorte les études donneront des résultats merveilleux. Le musicien formé à un pareil enseignement ne sera pas seulement un très habile praticien, un virtuose transcendant, mais un artiste ayant le sentiment du beau en tout, la possession parfaite de son art, l'âme et l'intelligence ouvertes à toutes les grandes et nobles impressions.

Étude de l'harmonie.

Dans notre conviction intime, l'étude de l'harmonie, au moins de l'harmonie appliquée au piano, est indispensable, non-seulement au point de vue strict de la connaissance des accords et des modulations, mais encore pour savoir analyser d'une manière intelligente et en connaissance de cause une composition vocale ou instrumentale.

Pour que l'élève sache discerner les notes mélodiques des notes harmoniques, les notes réelles des notes de passage, les notes de goût, appoggiatures, altérations, etc., des dissonances harmoniques, il faut une connaissance parfaite des éléments constitutifs de la mélodie et de l'harmonie. Sans cela comment analyser une mélodie, la structure des phrases, des périodes, la contexture des traits? — C'est beaucoup demander, me dira-t-on. — Mais, si l'élève a la patience, la volonté, l'ambition courageuse de s'élever jusque-là, quelle source immense, inépuisable de jouissances intellectuelles, et combien son exécution gagnera en justesse d'accent, en vérité d'expression!

Cet élève sera alors bien réellement un artiste, car pour lui chaque note aura sa valeur exacte, son degré d'intérêt, sa couleur propre et bien déterminée. L'inspiration, la pensée du maître vibreront en lui et, sous ses doigts intelligents, conscients, animés, l'œuvre interprétée aura la chaleur, l'autorité qui donnent la foi dans le beau et aussi la conviction du bien dire.

Nous n'avons pas à faire ici un cours d'harmonie appliquée au piano. Panseron, Garaudé, Kalkbrenner, Czerny, Chaulieu, etc., ont écrit des traités d'harmonie appliquée au piano; Catel, Cherubini, Dourlen, Barbereau, Savard, Bazin, Reber, des traités d'harmonie pour les voix. Reicha a laissé un manuel analytique de la mélodie traitant à fond ce sujet, dont on trouvera aussi un excellent manuel théorique et pratique dans la Méthode de chant appliquée au piano, de Félix Godefroid. Mais nous recommandons aux musiciens qui s'intéressent à ces attrayantes études de lire deux livres de M. Mathis Lussy : *Réforme dans l'enseignement du piano, Traité de l'expression musicale; L'Enseignement simultané de l'harmonie et du piano* de Charles Duvois ; *l'Enseignement du piano*, par Le Couppey; l'*Art de jouer du piano*, de Richert; enfin un très bon opuscule de Romeu, *l'Élève de piano*, et un excellent ouvrage de Mlle Parent.

Des études vocales et leçons d'accompagnement.

On nous a maintes fois demandé si l'on pouvait, sans préjudice pour la voix, étudier le piano avec assiduité; nous répondons : oui, et de la façon la plus absolue, — à la condition de ne pas travailler avec excès et de mettre entre l'exécution des morceaux de bravoure qui agitent et occasionnent un ébranlement nerveux, un temps d'arrêt et de repos avant de commencer les exercices de vocalise et de sons filés.

Nous affirmons qu'une demi-heure d'intervalle entre l'étude instrumentale et vocale suffira pour faire disparaître tout tremblement dans l'organe vocal, toute oscillation dans le son, si la voix a été bien posée, suivant les règles et préceptes d'une bonne école.

Mesdames Damoreau, Viardot et autres célébrités vocales ont pu être de grandes cantatrices et d'habiles pianistes, tout à la fois. Mais, disons-le tout bas, les professeurs de chant veulent, en général, être les guides omnipotents, les arbitres indiscutés des pianistes musiciens qui réclament leurs bons conseils.

Et pourtant, dans notre intime conviction, il serait à désirer que tous les musiciens et particulièrement les pianistes ne voulussent pas se désintéresser des études vocales. Il y a là pour les instrumentistes, pour les virtuoses, une mine inépuisable d'aperçus ingénieux sur la couleur poétique du son, l'art de le conduire, sur l'accent dramatique, etc., etc., enfin mille détails précieux qu'il est indispensable de connaître à fond.

Je ne répéterai pas les réserves précédentes à l'endroit des professeurs d'accompagnement. C'est déjà trop vraiment que de m'être fait un instant l'écho de fâcheuses rivalités professionnelles. Je m'empresse de reconnaître qu'il est utile et surtout très intéressant de faire de la musique concertante : *duos*, *trios*, *quatuors*, *quintettes* et *septuors*, sans oublier les concertos *di camera* ou symphoniques ; mais si je ne partage pas la conviction de quelques musiciens qui considèrent comme parfaitement inutile, dangereux même d'exposer leurs élèves à deux courants de style quelquefois différents, qu'il me soit permis de demander aux artistes qui collaborent à cette dernière période de l'enseignement, de respecter chez les élèves formés à bonne école par de longues et saines études l'individualité d'expression et de sentiment, cette fleur du goût.

Sur ce point, comme sur beaucoup d'autres, je crois être parfaitement d'accord avec mes chers et illustres collègues, Alard, Massart, Dancla. Sausay, Baillot, Maurin, Chaine, Hammer, Garcin, Cuvillon, Armingaud, Sighicelli, Lebrun, Franchomme, Chevillard, Jacquart, Lebouc, Norblin, etc., qui tous, en suivant des voies différentes, consacrent leur talent, leurs patientes et incessantes études à la recherche du beau idéal, mettant toute leur âme dans l'interprétation des chefs-d'œuvre anciens aussi bien que des œuvres modernes.

Je m'abstiendrai d'intervenir dans le choix des pièces concertantes, question tout entière du domaine des maîtres d'accompagnement. L'habitude d'un enseignement spécial et la parfaite connaissance des compositeurs qui se sont appliqués à la musique dite *de chambre,* leur donnent l'expérience et l'autorité voulues pour désigner avec certitude les œuvres dont le degré de force et le style sont le mieux appropriés au savoir petit ou grand de l'élève. Mais ce que je me permettrai de dire, c'est que, pour faire suite à mon *École classique du piano*, MM. Alard et Franchomme ont publié, avec le concours de M. L. Diémer, une *École classique concertante* que je ne saurais trop signaler aux jeunes pianistes, qui veulent se perfectionner dans ce genre de musique. Ils trouveront dans cette belle collection des œuvres concertantes d'Haydn, de Mozart et de Beethoven comme une édition vraiment modèle de ces chefs-d'œuvre, d'après les éditions allemandes et françaises comparées. Texte absolument correct, doigtés, accentuations, mouvements, rien n'y manque. Et, bien que

MM. Alard et Franchomme déclarent facultatives toutes les indications élaborées par eux avec le plus grand soin, c'est en quelque sorte le reflet de leur interprétation toute personnelle. On ne court aucun risque de se tromper avec de pareils maîtres, et je crois devoir les recommander spécialement aux professeurs et aux élèves éloignés des grands centres artistiques, c'est-à-dire des saines traditions de la musique concertante.

Modifications de sonorité à apporter au piano dans l'exécution des œuvres concertantes (1).

« Bien souvent au concert, dans l'intimité, ou au salon, il nous est venu à la pensée que la sonorité, l'accentuation, la tonalité expressive générale d'un morceau chanté ou exécuté, d'une scène jouée et déclamée au théâtre ou dans un cercle intime, devaient être modifiées suivant le milieu où ils se produisent. Ces réflexions, qui ne visent pas que la musique et s'appliquent à tous les arts, nous les tenons pour très exactes, d'une appli-

(1) Chapitre emprunté à l'*Histoire du Piano*.

cation absolument vraie, lorsqu'il s'agit d'exécution musicale en public; car, s'il est parfaitement reconnu que chaque artiste de valeur a sa manière personnelle de comprendre et d'interpréter les œuvres des maîtres suivant le style particulier qui les caractérise, j'ajoute encore, et j'insiste sur ce fait tout aussi indéniable, que chaque virtuose de mérite se distingue par une nature de son individuelle qui est comme le timbre de la voix inhérent à l'organisme. Cette qualité native, cette délicatesse du toucher, qui est un sens comme l'ouïe et la vue, peut être développée par le travail, mais existe à l'état de germe chez tous les pianistes. Ce fait, admis et prouvé, nous voulons aussi noter et bien établir que la sonorité doit se modifier d'une manière sensible suivant la nature des instruments et suivant les différentes données où le musicien fait acte de virtuosité. Quelques exemples nous feront mieux comprendre de nos lecteurs.

» Sivori, exécutant sa partie de violon dans un quatuor de Mozart, dans une fantaisie de Paganini ou dans un quatuor de Mendelssohn, imprime certainement son cachet personnel dans l'interprétation d'œuvres de styles très différents ; mais nous pouvons encore ajouter que, suivant la grandeur de la salle, suivant l'importance numérique et le sentiment musical de l'auditoire et aussi suivant que le solo sera accompagné par l'orchestre ou simplement soutenu par un accompagement de piano ou de quatuor, le volume du son mis en jeu, les accents et les nuances employés varieront d'intensité, seront plus ou moins fortement accusés ;

c'est un principe admis par tout virtuose ayant l'expérience du public et qui a conscience de la portée du son et de son action suivant les milieux où il se produit. C'est là un art particulier et tout moderne : se bien rendre compte de l'effet magnétique du fluide sonore, en posséder la conduite et le juste équilibre. Un déclamateur, un chanteur, un habile virtuose, doivent donc modifier leur diction, l'émission de la voix, l'accentuation, suivant qu'ils se produisent sur un vaste théâtre ou dans un cercle restreint. Une œuvre d'art, peinture, statuaire ou monument, demande à être vue dans un certain jour à des distances déterminées et change d'aspect et de valeur si cette loi n'est pas observée. Ce qui est vrai pour les arts plastiques et pour les virtuoses de la parole, de l'archet ou du drame lyrique, est tout aussi exact pour les instruments à clavier, pour le piano, qui est l'objectif de cette étude.

» La pondération du son, le volume, la puissance acquise et la modification d'intensité sont des qualités parfaitement distinctes du timbre qui est, ainsi que nous avons eu plusieurs fois occasion de le dire, le cachet distinctif, caractéristique de l'instrument. Mais nous affirmons que, tout en conservant scrupuleusement les nuances sonores rationnelles, les exécutants doivent savoir modifier toute la gamme expressive, en raison du milieu, où ils font acte de virtuosité. Lorsqu'un soliste accepte d'accompagner, il doit oublier qu'il est virtuose, n'avoir qu'un but, concourir dans l'action limitée qui lui est dévolue, à la parfaite interprétation de l'œuvre vocale ou instrumentale qu'il doit faire valoir, en donnant au soliste tout l'appui de son talent et en évitant soigneusement de distraire ou d'absorber l'intérêt. Ce rôle modeste, effacé, disparaît du moment où l'accompagnateur devient artiste concertant, prend une part égale au discours musical, dialogue avec des instruments de timbres différents dont la sonorité s'affirme tour à tour, prédomine par moments, pour ensuite se fondre dans des ensembles bien ménagés.

» Il importe donc, dans une juste mesure toutefois, que les pianistes de concert, tout aussi bien que les grands virtuoses de l'archet, lorsqu'ils interprètent des trios de Haydn et de Mozart, de Mendelssohn ou de Beethoven, renoncent à toute intention de briller au détriment du parfait ensemble. C'est dans cette entente d'une sonorité bien pondérée que se reconnaissent les interprètes respectueux des maîtres, qui n'ont jamais écrit des pièces concertantes de musique de chambre pour faire valoir plus particulièrement la brillante exécution du pianiste ou du premier violon; le second violon, l'alto et le violoncelle étant de plus modeste ambition, nous nous abstenons de toute observation à leur sujet. Résumons ainsi quelques-unes de nos recommandations. La sonorité du piano, la faiblesse ou la force des vibrations dépendent bien, le fait est incontestable, de la facture de l'instrument et des conditions particulières dans lesquelles résonnent les cordes et la table d'harmonie, mais aussi du système qui fait agir les marteaux et les étouffoirs. Ce que nous ne saurions trop répéter, c'est que le même piano produira une sonorité très dissemblable suivant le mode de toucher des artistes qui auront à le faire parler. La belle qualité sonore d'un piano, son timbre, sa voix chantante, expressive, dépendent donc beaucoup, sinon essentiellement, du tact naturel, de l'habileté de main et des études spéciales faites par l'exécutant. La méthode de produire le son du piano, d'en tirer une voix qui porte, doit donc être une des grandes préoccupations des pianistes. Ils doivent constamment chercher à obtenir une sonorité élastique, onctueuse, grasse, s'il est permis d'employer cette expression imagée. Le jeu legato doit prédominer, mais pourtant ne pas faire renoncer à la diversité d'accents que donnent les différentes attaques du clavier. L'art de moduler le son, de le rendre fusible, diaphane, aérien, est la qualité la plus précieuse, la plus rare des virtuoses du piano.

» Nous venons d'appeler l'attention des pianistes sur les modifications de sonorité que comporte la musique concertante, dite musique de chambre, et qui maintenant fait partie des programmes de concert. Les grands pianos à queue ont acquis une puissance de vibrations qui n'est plus en équilibre avec l'harmonieuse sonorité des autres intruments concertants, il importe donc, pour la bonne interprétation de ces œuvres dialoguées, que le piano ne prédomine pas et se contente de prendre part au discours sans trop élever la voix. J'ai bien des fois vu les maîtres du quatuor prier leur pianiste habituel d'avoir à fermer le couvercle du piano pour amortir le son. Cette précaution extrême me semble exagérée avec des musiciens comme Hiller, Rosenhain, Alkan, Planté, Fissot, Diémer, etc.

Oui, il importe sérieusement, en tenant compte de l'accroissement sonore des pianos de concert, d'en modifier discrètement la puissance et l'éclat, mais sans en changer le timbre; autant vaudrait mettre la sourdine aux violons pour en atténuer la sonorité naturelle. Il faut être bon musicien plutôt que grand virtuose, pour faire valoir les œuvres concertantes des maîtres; mais une brillante et chaleureuse exécution n'est pas à refuser lorsque les artistes interprètes se nomment Baillot, de Bériot, Vieuxtemps, Sivori, Franchomme, Servais et avec des pianistes comme Moschelès, Hummel, Mendelssohn, etc. Mes réflexions sur la musique de chambre et sur les modifications sonores à apporter au piano dans la part si large qui lui est faite dans les œuvres concertantes s'adressent aussi aux pianistes qui étudient des pièces à quatre mains.

» Les arrangements à quatre mains des pièces d'abord écrites à deux mains, sont trop souvent faits à la hâte, au double point de vue de la simplification ou d'une sonorité plus grande. Ce travail sans intérêt consiste à donner aux deux mains de la seconde partie les accompagnements faits par la main gauche seule dans l'édition à deux mains; la première partie double l'octave ou lance quelques traits au suraigu du piano. Il n'est nullement nécessaire pour cela d'être compositeur, et l'on peut se passer de connaissances harmoniques si le texte primitif est correct. C'est alors un travail de main-d'œuvre qui n'a rien d'artistique. Mais il n'en est plus de même si l'arrangement à quatre mains est écrit par un musicien, qui, tout en conservant la donnée première du compositeur, tient à honneur d'imprimer au morceau son cachet personnel. Un contrepoint délicat, un contrechant ingénieux, un dialogue ajouté, la sonorité et l'intérêt habilement ménagés aux deux parties, font alors de l'arrangement une œuvre que des artistes de haute valeur n'ont pas dédaigné de signer. Bertini, Wolf, Lefébure, R. de Vilbac, Czerny, etc., ont fait ainsi de nombreux arrangements.

» En principe, les élèves qui étudient plus spécialement les pièces concertantes, les œuvres à quatre mains, à deux pianos, etc., doivent veiller attentivement sur les accents de mesure et de rythme, particulièrement dans les traits ou passages exécutés simultanément, et qui exigent une précision rigoureuse de la part des virtuoses. Le style individuel cesse de s'accuser sensiblement pour se fondre dans un sentimen d'unité d'expression.

» Nous résumons ainsi notre pensée, notre opinion de professeur : les jeunes élèves qui font une étude suivie des pièces à quatre mains ou à plusieurs pianos en vue d'acquérir une plus grande fermeté de mesure, feront sagement de veiller attentivement sur la qualité de son qu'ils désirent obtenir.

» Les compositions à quatre mains, et plus spécialement les arrangements faits d'après les pièces écrites dans le principe à deux mains, sont trop rarement concertants, et d'une sonorité bien équilibrée. Le plus souvent tout l'intérêt mélodique est réservé à la première partie, et la deuxième n'est qu'un placage harmonique accompagnant servilement la partie supérieure.

Il faut alors, si la disposition est telle que nous l'indiquons, que les accents de mesure de la basse ne soient pas accusés durement, et n'écrasent pas de leur sonorité la partie mélodique, les traits légers et brillants de la première partie.

» Si, au contraire, la pièce à quatre mains est concertante, écrite par un compositeur de style, ou par un arrangeur expérimenté, ayant l'habitude de bien diviser l'intérêt du dialogue aux deux parties, le pianiste devra éviter d'affirmer trop fortement son individualité, mais s'attacher à fondre les nuances et les accents dans un sentiment identique aux deux parties. La pondération de la sonorité doit donc faire l'objet d'une étude particulière, comme le serait l'exécution d'un premier ou d'un second violon dans un quatuor instrumental ou l'accompagnement très soigné d'un soliste. Les accompagnateurs doivent se souvenir que les virtuoses, chanteurs ou instrumentistes, se plaignent toujours d'avoir été gênés dans leur expression par une rigueur trop grande dans la mesure, ou de ne pas avoir été assez soutenus dans les passages animés, etc., etc. »

Du choix d'un instrument.

De nos jours la liste des facteurs habiles et justement célèbres n'est plus à faire ; quels que soient notre sentiment et nos préférences, nous ne voulons pas intervenir dans cette délicate et épineuse question du choix d'un piano, pas plus par intrusion que par élimination. Il existe dans la facture des pianos, aussi bien que dans l'enseignement de cet instrument, des noms qui, par leur notoriété, priment tous les autres.

Nous n'avons pas à les discuter ni à les préconiser ; aux personnes qui nous consultent et nous demandent les qualités distinctives d'un bon piano (les questions des matériaux employés, de la bonne fabrication, de la résistance à l'action climatérique et à un travail de moyenne durée étant admises et bien fixées), nous répondrons : Il importe 1° que la qualité de son soit belle, homogène et distinguée dans toute l'étendue de l'échelle ; 2° que les basses ne soient pas caverneuses ou trop sonores ; 3° que le médium chante bien et s'harmonise parfaitement avec le grave et l'aigu ; 4° que la partie haute du piano conserve jusqu'au sur-aigu un timbre sonore, chantant et jamais criard ; 5° que les touches cèdent, facilement, mais sans trop de mollesse, à la pression intelligente des doigts ; 6° que la répercussion lente ou rapide des touches se prête avec facilité aux nuances variées, délicates ou profondes qui veulent le clavier sensible, animé, vivant sous l'action du doigt. Telles sont les qualités essentielles d'un bon piano, unies à la tenue résistante de l'accord.

Cela bien compris, le choix fait sera bon.

Conseils généraux sur l'étude.

Les formules d'exercices et de traits brillants publiées par les maîtres du piano qui se sont plus particulièrement occupés du mécanisme et des procédés les meilleurs pour atteindre rapidement une grande virtuosité, se comptent par milliers, et pourtant cet immense arsenal technique est toujours incomplet, insuffisant, à perfectionner. Mais Charles Czerny, dans ses intéressants recueils de passages de doigtés extraits des œuvres des maîtres anciens et modernes, a indiqué de la manière la plus évidente, la plus claire, le meilleur mode de travail pour vaincre les difficultés d'un morceau: isoler de la pièce qu'on étudie le trait qui fait obstacle, qui empêche la libre exécution de la période musicale, et le transformer en exercice spécial que l'on répetera jusqu'à la possession libre du trait. Voilà l'unique procédé, le seul pratique : nous le signalons à tous les pianistes que n'effraie pas la difficulté à vaincre et qui ont la volonté d'acquérir une exécution de niveau avec les combinaisons les plus ardues, les traits les plus périlleux.

L'audition attentive et raisonnée des virtuoses célèbres par leur grand style ou par leur bravoure d'exécution peut être utile aux progrès d'élèves avancés déjà. Peu importe que les artistes pris pour modèles soient chanteurs ou instrumentistes ; il existe pour l'art musical des principes généraux « du beau » qui trouvent également leur application pour la voix et pour les instruments. Une bonne et franche attaque du son, qu'il faut savoir moduler suivant le caractère du morceau, de la phrase, avec toutes les nuances d'intensité, de douceur et de force, une justesse irréprochable et l'audace du virtuose dans les traits les plus ardus, une expression toujours vraie, simple, noble, jamais exagérée, une ornementation sobre, délicate, de bon goût, ne visant jamais à l'effet : voilà les qualités que l'on peut apprécier et chercher à imiter, soit qu'on les trouve chez un chanteur habile, soit qu'on les rencontre chez un instrumentiste de bonne école.

Le point capital c'est, après avoir religieusement écouté des artistes de valeur, de bien se rendre compte de leurs qualités individuelles et aussi des petites défectuosités que l'on doit éviter de reproduire.

Résumons notre pensée dans un dernier conseil :

Il faut apporter de la conscience, de la volonté, un sérieux esprit d'analyse et de réflexion dans toutes les études relatives à la saine pratique de l'art ; mais on doit cesser de se préoccuper des détails minutieux de la scolastique, du moment où le talent acquis nous permet d'exprimer nos impressions, nos sensations, avec cette sûreté de goût que donne seule une bonne méthode.

C'est alors le souffle divin de l'enthousiasme, sans lequel on ne fait rien de beau dans les arts, qui doit donner la vie à nos doigts et à notre imagination.

La source expansive et réellement pure de l'expression est dans l'âme de l'artiste : *la nuance écrite est le guide assuré de l'élève*, mais l'inspiration venue du cœur, fait seule le génie du virtuose.

L'âme d'un véritable artiste doit s'exalter à tout ce qui est grand et beau, dans l'ordre moral comme dans l'ordre physique. Chez l'artiste il y a presque toujours exagération de sensibilité ; aussi est-il bien rare et même tout à fait anormal que son cœur ne vibre pas aux idées généreuses. Cette impressionnabilité inhérente au tempérament de l'artiste doit être conservée, sans dégénérer en faiblesse maladive. Ce serait une faute grave pour un musicien que de se confiner dans la pratique matérielle de son art ; un artiste bien doué aimera les beautés de la nature, aura l'intelligence des chefs-d'œuvre littéraires, un goût éclairé pour toutes les œuvres de style et d'imagination, qu'il s'agisse de poésie, de peinture ou de musique.

Le musicien qui n'est pas ému, touché, remué par

l'audition d'une œuvre dramatique, qui reste indifférent devant une belle statue ou l'œuvre inspirée d'un peintre, que la vue des merveilles de la création ne rend pas rêveur, n'aura jamais ni feu, ni enthousiasme. C'est tout au plus un habile praticien; les grands horizons lui sont fermés. Pour s'élever plus haut, il faut avoir l'amour du grand, toujours chercher l'idéal, d'une poursuite courageuse.

Les sublimes harmonies de la nature, la mer, les montagnes et les forêts ne sont pas toujours à notre portée, mais, à défaut même des idylles riantes que donnent la prairie, les ruisseaux, les collines, les vallons, on peut rêver aussi doucement à l'ombre de modestes allées. Le point capital pour l'artiste est de renouveler ses forces créatrices par un autre genre d'activité. Meubler l'imagination de figures poétiques ou grandioses, enrichir l'esprit, développer l'intelligence, entretenir la sensibilité dans de justes limites, tout cela est indispensable au progrès, à l'alimentation intellectuelle et morale.

Nous terminerons ici ces simples réflexions sur un art dont l'étude a absorbé la majeure partie de notre existence, pendant un demi-siècle. Cette longue période est sans doute peu de chose, elle représente pourtant la puissance d'une unité dans le grand mouvement musical. Si d'ailleurs mes conseils et mes aperçus sur l'enseignement ont élucidé quelque point obscur, je croirai ne pas avoir perdu mon temps; j'estimerai ma tâche bien remplie. Les professeurs passent : l'art est éternel. C'est à lui, c'est à ce patrimoine commun, transmis d'âge en âge, que nous devons tous apporter, les uns notre travail, les autres notre expérience. Si ces quelques pages ont une valeur, elles la tirent de ce sentiment bien compris et puissamment gardé au fond de l'âme; si ce livre a une prétention, c'est de remettre sous les yeux de ceux qui l'ouvriront le but toujours poursuivi, le véritable idéal : *Sursum corda.*

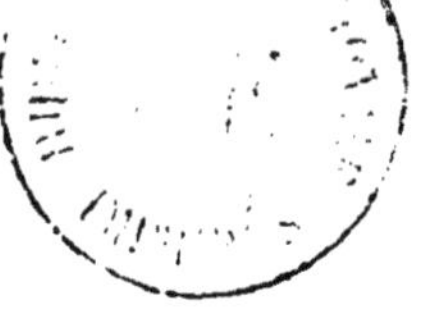

FIN.

IMPRIMERIE CENTRALE DES CHEMINS DE FER. — IMPRIMERIE CHAIX,
RUE BERGÈRE, 20, A PARIS. — 1979-10-11.

www.ingramcontent.com/pod-product-compliance
Ingram Content Group UK Ltd.
Pitfield, Milton Keynes, MK11 3LW, UK
UKHW021139260726
13994UKWH00001B/214